合法性と正当性

岩間昭道

尚学社

妻　大和子　に本書をささげる

はしがき

本書は、私にとって、三冊目の論集である。本書には、第一部として、二〇〇九年以後に執筆した論説等を収録し、第二部として、二〇〇八年以前に執筆したが、これまでの論集に掲載しなかった注釈等を収録した。本書には、今回はじめて公表するものがいくつか含まれているので、それらについて若干説明しておくことにしたい。

「合法性と正当性」と題する論説Ⅵは、本書に収録するために新に執筆したものである。この論説は、憲法典が定める規範には反するが、政治的・社会的・倫理的観点からみて正当と評価されるような措置、つまり、合法性と正当性が乖離しているような措置にたいして、日本国憲法のもとではどのように対応するのが妥当かという問題について検討したものである。私が一九六五年に研究生活に入って以来主たる研究対象としてきた憲法変遷、憲法改正、憲法破毀、緊急権、憲法解釈の方法と限界、平和主義の問題は、いずれもこうした合法性と正当性の間の乖離にかかわる問題でもあった。論説Ⅵは、このようにこれまで長年にわたって検討してきた合法性と正当性の問題について、一応の結論を示したものである。本書の書名を「合法性と正当性」としたのは、こうした事情による。

Xの憲法二五条についての注釈は、芦部信喜先生監修の『注釈憲法』の原稿として、一九九六年に脱稿したものである。この企画の刊行が第一巻（第九条まで）で終わったため、当時の原稿をほぼそのままの形で本書に収録することにした。この原稿は一九九六年までの憲法二五条に関する学説・判例の動向を紹介したものであり、したがって、今日の学説に資するところはないと思われるが、にもかかわらず、こうした原稿を今回公表したのは、若干の資料的価値があるかもしれないと思ったことと、この原稿がその後の私の生存権や環境権・環境保全に関する研究のみならず、概説書『憲法綱要』の基盤となり、そうした意味で私の憲法研究にとって重要な意義をもっていたことによる。

◇　◇　◇

約半世紀に及ぶ研究生活を終えるにあたって、多くの諸先生、学友からいただいた学恩とご厚情に感謝を申し上げる。とくに、公私にわたってご指導いただいた恩師小林直樹先生、芦部信喜先生、塩野宏先生、村上淳一先生の学恩の大きさを改めて痛感している。心からお礼を申し上げたい。

本書の刊行にあたっても、尚学社社長の苧野圭太氏から、多大の尽力と多くの有益な助言をいただいた。苧野氏のこうした尽力がなければ、本書を刊行にこぎつけることはできなかったであろう。また、前社長の吉田俊吾氏には、最初の論集の刊行以来長年にわたってお骨折りをいただき、その間、良き相談相手としても大変お世話になった。ここに、両氏に改めて謝意を表したい。

二〇一九年八月末

岩間昭道

目次

第二部

初出一覧

Ⅰ　憲法二五条が保障する権利（法政法科大学院紀要五巻一号（二〇〇九年））
Ⅱ　憲法改正をめぐる動き（ジュリスト一四一四号（二〇一一年））
Ⅲ　日本国憲法と非常事態・環境保全（ジュリスト一四二七号（二〇一一年））
Ⅳ　日本国憲法と環境保全（高橋和之先生古稀記念『現代立憲主義の諸相（下巻）』（有斐閣・二〇一三年））
Ⅴ　憲法九条についての若干の考察（千葉大学法学論集三一巻一号（二〇一六年））
Ⅵ　合法性と正当性――日本国憲法のもとでの憲法政治の在り方について（書き下ろし）
Ⅶ　憲法の最高法規性と改正（法学教室四〇五号（二〇一四年））
Ⅷ　参議院選挙区選挙の一票の最大較差四・七七倍を違憲状態とした事例（自治研究九二巻五号（第一法規・二〇一六年））
Ⅸ　憲法改正手続（芦部信喜＝池田政章＝杉原泰雄編『演習憲法』（青林書院・一九八四年））
Ⅹ　憲法二五条【生存権】（芦部信喜監修『注釈憲法』の原稿として一九九六年に脱稿）
Ⅺ　憲法六条【天皇の任命権】（芦部信喜監修『注釈憲法 第一巻』（有斐閣・二〇〇〇年））
Ⅻ　三つの封印（二〇〇五年度千葉大学法経学部公開講座での講演）

合法性と正当性

第一部

Ⅰ　憲法二五条が保障する権利

一

憲法二五条については、これまで、主として、同条が保障する権利の法的性格や同条を具体化する法令等の合憲性審査基準をめぐって議論されてきた。しかし、憲法二五条が保障する権利の内容については、上記の論点に劣らず重要な意義をもつにもかかわらず、また、少数ながら問題提起が行われてきたにもかかわらず、これまでほとんど論じられてこなかった。そこで、この小論では、こうした問題提起とも関連して、憲法二五条が保障する権利は今後どのような内容の権利として構成されるべきかについて、若干検討することにしたい。

二

一般に生存権とよばれている憲法二五条が保障する権利の内容については、これまで、次のような問題点が指摘されてきた。

1　高柳信一は、一九七三年の論説の中で、次のように主張していた。すなわち、憲法二五条が保障する生存権は、「労働対資本の対抗関係における前者の分け前の増大を要求」するものであるが、こうした生存権は、今日の生活破壊や環境破壊をもたらしている「生産第一主義」にたいしては、「分け前の増大を求めて、これを支持する立場にたちやす」く、それ故、「旧来の生存権の法理」は、「現代の環境破壊・生活破壊に十分有効に対応できない」。高柳は、「旧来の生存権の法理」をこう批判したあと、「人間の尊厳」を回復するために、生存権に代わって、「生活の物質的条件の整備」のみならず、「共和的市民の自主的な豊かな地域社会づくりという動態的な営為の総体の保障」を内容とする「生活権」という新しい権利を構成すべきことを提唱した。(1)

2　一九九〇年代に入って、生活保護行政のあり方をめぐって生じた一連の訴訟に関連して、(2)遠藤美奈は、生存権に関する支配的解釈の問題点を次のように指摘し、生存権を再構成すべきことを提唱した。

「生活困窮者に対する現行の最低生活保障制度たる生活保護の支給は、現実の運用において、私事の自由との引き換え——一般にはまったく個人の自由に委ねられている事柄を自分で決められなくなるという状況——を受給者に迫る構造になっている」。「具体的には、保護費を節約しての預貯金や生命保険加入ないしそれらの保有、自動車の借用使用、保護世帯の子どもの就職による世帯離脱などには厳しい制約が課せられており、現状では、保護受給者（および受給世帯）の生活上の選択肢は著しく狭められている」。憲法二五条一項における「『健康で文化的な最低限度の生活を営む権利』を最終的に担保する役割を担っているのが、生活保護法にいう生活保護制度である。従来、この『健康で文化的な最低限度の生活を営む権利』が実現されているかどうかは、第一義的に保護の水準いかんにかかわる問題としてとらえられていた。ここから、保護水準の引き上げによって『健康で文化的な最低限度の生活』が達成されるとの信念が生み出されたといえる。しかし、筆者にはどうしても拭うことのできない疑問がある。それは、生活保護法による一定水準の給付が行われ(てい)るとき、その受給と引き換えになんらかの一般的な自由が制限されるなら、それで憲法がいう『健康で文化的な最低限度の生活を営む権利』が実現されたといってよいのか、という疑問である。『健康で文化的な最低限度の生活を営む権利』の実現は給付内容に尽きるとする憲法理解の射程からは、生活保護受給が『何かと引き換え』になっているという問題は外れてしまう。現在の憲法学における『健康で文化的な最低限度の生活を営む権利』にかかわる通説的理解のひとつの限界が、ここに見いだされる。そもそも、『健康で文化的』な生活を送る主体は、『固有の人格を有する自律した人間』のはずである。かような『自律した人間』である限り、自らの生活は、自らの意思によって決定していく自由が確保されていなければならない。そうだとするならば、保護を受けることによってこの自律性のいかばかりかが損なわれることは、はたして憲法の精神に照らして許されるか。それで『健康で文化的な最低限度の生活を営む権利』が保障されているといえるのか[3]」

このように述べたあと、遠藤は、自由を制限する生活保護行政の運用に対抗できる解釈論の形成という観点から、「健康で文化的な最低限度の生活を営む権利」を「一定の水準の給付」と「人格的自律の不可侵」という二つの要素から成る権利として構成すべきことを提唱している[4]。

以上のように、高柳と遠藤は、生存権をもっぱら経済的物質的保障を内容とする権利と解することの問題性を指摘し、憲法二五条が保障する権利をより豊かな内容をもった権利として再構成すべきことを提唱しているが[5]、こうした問題提起についていえば、次の二点が問題となりうる。ひとつは、憲法二五条が保障する権利は従来の学説上どのような内容の権利として理解されてきたのか、とくにもっぱら経済的物質的保障を内容とする権利として理解されてきたのか、という点であり、もうひとつは、以上の点に関連して、憲法二五条が保障する権利は今後どのような内容の権利として構成されるべきか、という点である。

三

憲法二五条が保障する権利は、学説上どのような内容の権利として理解されてきたのであろうか。この点について、ごく概括的にいうと、大別して、次の三つの立場がみられる。

1 第一は、憲法二五条が保障する権利をもっぱら国に対して経済的物質的保障を請求する権利と理解し、また、「健康で文化的な最低限度の生活」をそうした給付（保障）の水準を意味する言葉と解する立場である。こうした立場は、憲法制定直後に、美濃部達吉によって、次のように主張されていた。

憲法二五条一項の「生活を営む権利」の保障の趣旨は、「自力をもって生活を営む能はざる者に対し国家がその生活を保障し、国家の保護の下に生活を営むを得せしめようとするもので、最低限度の生活とは言いながらもなお健康であり文化的（奴隷的拘束又は苦役に堕するものであってはならない）であることを保障し、この程度の生活を営む為に国家の保護を受けることを、国民の権利として認めているのである。それは反面において、国家の社会政策の基調として、社会の最下層に至るまで国民をして少くともこの程度の健康で文化的な生活を維持することを得せしむることに努むべきことの意を包含しているもので、第二項はこの国家の取るべき社会政策の基礎方針を宣明せるものにほかならない[6]」

このような美濃部の理解と実質上同様な理解は、当時、佐々木[7]、鵜飼[8]、清宮[9]などの所説にもみられ、近年では、多くの学説にみられる[10]。

2 第二は、第一説と同様に、憲法二五条が保障する権利を実質上国に対して経済的物質的保障を請求する権利と解しつつも、権利の定義や説明のうえでは、経済的物質的保障以上の保障をも含んだ権利とも解しうる表現をしている立場である。こうした立場は、たとえば註解日本国憲法の次のような主張にみることができる。

> 憲法二五条一項は、「すべての国民に保障せらるべき生存権の程度を明らかにしている。元来生存権の概念については、人間としての『最低限度の生活』の保障を以て足るか或いはそれ以上のものでなければならぬかについては、争の存するところである。本条第一項は、この点を明確にしたものである。ただ、『健康で文化的』な最低限度の生活の保障として、それは近代文化国家における状態を前提として、すべての国民に、それにふさわしい生活内容を保障せんとするものである。」「ここにいわゆる『健康で文化的な最低限度の生活』は、現に労働に従事しているものと然らざるものとの間では、その程度を異にするといわねばならぬ。労働に従事しているものにとっては、その労働の再生産性に必要な給与等がさらに確保されねばならぬからである。従って、例えば労働の能力がなく国の保護を受けるものについての生活保障は必然に、それ以下ということになる[11]。」

ここでは、「健康で文化的な最低限度の生活」の保障としては、主として経済的物質的生活の保障が念頭におかれていることは否定できない。しかし、同時に、「『健康で文化的』な最低限度の生活の保障として、それは近代文化国家における状態を前提として、すべての国民に、それにふさわしい生活内容を保障せんとするもの」であるとする表現を文字通りに解釈すれば、「健康で文化的な最低限度の生活」は精神的文化的生活をも含んだものとして理解されうる可能性をもっていた。そして、同様のことは、宮沢の注釈書に一層明瞭にみることができる。すなわち、宮沢は、一九五五年に刊行された注釈書の中で、憲法二五条について、次のように述べている。

「『健康で文化的な最低限度の生活』とは、「『人間の尊厳にふさわしい生活』（世界人権宣言二三条三項）を意味する。ヴァイマル憲法の『人間に値いする生存』（ein menschenwürdiges Dasein）と同じ意味である（同法一五一条）。その具体的な内容は、時と所によって、違いうる」[12]

この短い文章から、宮沢が「健康で文化的な最低限度の生活」をどのように理解していたかを正確に知ることは難しい。しかし、そこで引用されている世界人権宣言二三条三項が、勤労する者が「自己及び家族に対して人間の尊厳にふさわしい生活を保障する公正かつ有利な報酬を受け」ることができる旨定めた規定であることからすると、宮沢も、「健康で文化的な最低限度の生活」を主として経済的物質的給付の水準を意味する言葉として理解していたとみることができる。しかし、同時に、「人間の尊厳」という言葉を広く認められている解釈（「人間の尊厳」とは「人間は生まれながらにして、精神的・倫理的存在として自己意識と自由において自己を決定し、自己を形成し、周囲の世界において自己を発揮する素質をもっていること」を意味し、それ故に、「人間の尊厳を尊重するということ」は、たんに「生物学的な意味の生命を尊重することだけではな」く、「人間とその自由、生命、名誉等を不当に取り扱わない」ということを意味する)[13]にしたがって理解するかぎり、「健康で文化的な最低限度の生活」をもっぱら経済的物質的生活の保障として理解することは妥当ではない。だとすると、宮沢は、上記の定義により、客観的には、憲法二五条が保障する権利を精神的文化的生活の保障をも含んだものとして説いていたとみることができる。[14]

3　第三に、憲法二五条が保障する権利は経済的物質的生活の保障以上の保障を含んだ権利であることを明示する立場である。こうした立場は、一九四八年の「新憲法と基本的人権」と題する論説の中で、「生存権的基本権」を「人間のすべてに、自由と平等と幸福の追求をできるようにするための基本的な権利・義務を確認・保障しようとするもの」であると説いていた我妻栄の見解にもみられるが、[15]一層明瞭には、佐藤功の所説にみることができる。すなわち、佐藤功は、一九八三年に刊行された注釈書の中で、次のように述べている。

「『健康で文化的な最低限度の生活』とは『人たるに値する生活(生存)』(ワイマール憲法一五一条)というのと同じ意味である。すなわち、強いて分析すれば、『健康で』とは肉体的、『文化的な』とは精神的な側面を現わすともいえようが、要するに人間としての生活または人間らしい生活とよばれるに足る生活を営み、その人格の維持成長が可能である程度の生活をいう(一九四八年の世界人権宣言二二条は「自己の尊厳と自己の人格の自由な発展とに欠くことのできない経済的・社会的および文化的権利」が保障されなければならないとしているが、この表現は優れている)。すなわち、そこには当然に人間に値するという一定の高さの水準が要求されている」[16]

この文章では、憲法二五条一項にいう「健康で文化的な最低限度の生活」という言葉は、二つの意味で使用されている。ひとつは、経済的物質的保障の水準を意味する言葉としてである。そして、もうひとつは、保障される生存の質あるいは内容を意味する言葉として、すなわち、「自己の尊厳と自己の人格の自由な発展とに欠くことのできない経済的・社会的および文化的権利」が保障されているような生存を意味する言葉としても使用されている。(17) もっとも、佐藤は、右の注釈書では、上記の記述につづけて、ほとんどもっぱら経済的物質的保障の水準について論じており、こうした点からすると、佐藤も、憲法二五条が保障する権利を主として経済的物質的給付を要求する権利として、また、「健康で文化的な最低限度の生活」をそうした経済的物質的保障の水準を意味する言葉として理解していたとみることもできる。しかしながら、重要なことは、佐藤が憲法二五条が保障する権利を「自己の尊厳と自己の人格の自由な発展とに欠くことのできない経済的・社会的および文化的権利」を内容とした権利と明示したこと、そして、また、「健康で文化的な最低限度の生活」をそうした諸権利が保障された生存の内容を意味する言葉として理解していたことである。

以上、概観してきたように、多くの憲法学説は、これまで、憲法二五条が保障する権利を経済的物質的生活の保障を要求する権利と理解してきたことは否定できない。しかし、同時に重要なことは、憲法二五条が保障する権利を、明示的あるいは黙示的に、精神的・文化的生活の保障をも含んだより豊かな権利として理解する学説も少なからず存在していたということである。だとすると、問題はこうしたこれまでの学説の状況や前述した問題提起、さらには今後のわが国の動向等を考慮したとき、憲法二五条が保障する権利を今後どのような内容の権利として構成するのが妥当かということになる。

四

憲法二五条が保障する権利は、今後、どのような内容の権利として構成されるべきであろうか。この点について、結論的にいえば、宮沢、我妻、註解および高柳の見解の趣旨に従い、佐藤説や遠藤説を発展させて、憲法二五条は人間の尊厳と人格の自由な発展とに欠くことのできないすべての権利を保障した規定として、換言すれば、「経済的・社会的及び文化的権利」のみならず、「市民的及び政治的権利」および「平和のうちに生存する権利」をも包括的に保障した規定として構成されるべきだと考えている。その主たる理由は、以下のとおりである。第一に、いかに経済的物質的生活が保障されていたとしても、環境が汚染されていたり、「人格的自律」が不当に制限されていたり、さらには、精神的自由が統制されていたりする生活をもって「人間の尊厳にふさわしい生活」（宮沢）あるいは「近代文化国家」にふさわしい生活（註解）ということができないとすると、「人間の尊厳にふさわしい生活」とは、経済的物質的側面のみならず、精神的文化的側面も保障された生活を意味すると解するのが妥当であると思われるからであり、第二に、今後のわが国においては、社会権や環境権の重要性が増す結果、官民融合による国家の「協同体」化と「管理国家」化がすすむ可能性が強いとすると、そうした状況の中で、人間が尊厳ある存在でありつづけるために不可欠な自由と自律性を維持するためには、憲法二五条が保障する権利をもっぱら経済的物質的生活を保障した権利と解しつつ、そうした権利に対する精神的自由権の優位を主張する行き方よりも、憲法二五条が保障する権利を精神的自由権を本質的要素とする権利と解する行き方の方が妥当であるように思われるからである。

五

以上のように、憲法二五条が保障する権利をすべての人権を内容とした権利と解釈した場合、こうした解釈はどのような特徴をもつのであろうか、とくに今日の支配的解釈との関係でどのような特徴と問題点をもつのであろうか。最後に、この点について、簡単に述べておくことにする。

1　第一に、憲法二五条が保障する権利は包括的人権としての性質をもつことである。それ故、こうした解釈は、憲法一三条が保障する幸福追求権を包括的人権と解している通説と抵触する可能性があり、そうした意味で、その当否が問題となる。そして、この点について、結論的にいえば、少なくとも今後は、憲法二五条が保障する権利を包括的人権とみる解釈の方が妥当であると考えている。その主たる理由は、次のとおりである。すなわち、社会権や環境権が二一世紀における最も重要な人権のひとつだとすると、社会権や環境権をも積極的に根拠づけうることが現代憲法における包括的人権であることの必要な条件といわなければならない。それ故、こうした観点からすると、社会権や環境権を必ずしも積極的に根拠づけるものと解されているわけではない憲法一三条の幸福追求権[18]よりも、社会権や環境権をも積極的に根拠づけることができる憲法二五条が保障する権利の方が現代憲法にふさわしい包括的人権としての性質をもつといえるからである。したがって、こうした立場からすると、今日の通説のように、憲法一三条を包括的人権規定、憲法二五条を社会権に関する包括（原則）規定と解するのではなく、憲法二五条を包括的人権規定、憲法一三条を人格権を含む自由権あるいは「私生活の自由」（判例）に関する包括（原則）規定と解べきこととなろう。

2　第二に、現代における基本的人権が「人間の固有の尊厳に由来」（国際人権規約）するのだとすると、人間の尊厳と人格の自由な発展とに欠くことのできない権利を包括的に保障した憲法二五条こそが、日本国憲法の基幹的人権規定としての性質をもつことである。

3　第三に、憲法二五条が保障する権利は自由権と社会権から成る複合的権利としての性質をもつことである。なお、ここでの複合的権利ということについては、以下の点が留意される必要がある。

ひとつは、今日の有力な学説も憲法二五条が保障する生存権を社会権と「生存の自由」という自由権からなる複合的権利と理解しているが、[19] そこにいう「生存の自由」は、同自由の侵害事例としてあげられている例（困窮者に対してより高額の税を課したり、最低限度の生活を脅かす程度の低い課税最低限を定めたり、生活保護を停止したりする場合）から判断すると、ほとんどもっぱら経済的物質的性質の生存の自由が意味されている。これに対して、ここでいう自由（権）は、文化的精神的性質の自由を含んだ自由一般を意味しており、したがって、自由権に対する一切の侵害は、同時に憲法二五条が保障する権利の侵害となる、ということである。

もうひとつは、憲法二五条が保障する自由権と社会権の関係については、支配的学説と同様に、人格権を含む精神的自由権に優位が認められなければならない、ということである。

4 第四に、憲法二五条が保障する権利は、自由権と社会権の複合的権利としての性質をもち、それ故、少なくとも自由権の部分に関するかぎり、具体的権利としての性質をもつことである。

5 第五に、憲法二五条が包括的な権利を定めているとすると、二項はそうした包括的権利を保障すべき国の責務を定めた規定となるが、その場合、同項の文言と前述した精神的自由権の優越的地位に照らして、二項は、国が積極的な措置によって保障することを義務づけられているのは、原則として、「社会福祉、社会保障及び公衆衛生」の分野、つまりは「健康」に関する分野に限られていること、換言すれば、精神的自由等の「文化」に関する分野については、国は原則として積極的措置によって干渉してはならないことを明示した規定となることである。

(1) 高柳信一「生活権思想の展開」現代都市政策V（岩波書店・一九七三）四一頁以下。
(2) 一連の訴訟については、たとえば、米沢広一「生存権」法学教室一八五号（一九九六）五〇頁以下参照。
(3) 遠藤美奈「生活保護と自由の制約」摂南法学二三号（二〇〇〇）三四－三五頁。また参照、同「『健康で文化的な最低限度の生活』再考」飯島昇藏＝川岸令和編・憲法と政治思想の対話（新評論・二〇〇二）一〇六頁以下。
(4) 遠藤・「生活保護と自由の制約」四七頁。なお、尾形健「『健康で文化的な最低限度の生活』水準のあり方をめぐって」社会保障法一八号（二〇〇三）一五頁も、「人格的自律の保持」を「健康で文化的な最低限度の生活を営む権利」の構成要素とする。

（5）　高柳は、生存権を経済的物質的給付を求める権利と理解したうえで、そうした生存権に代わってより豊かな内容をもった「生活権」の形成を提唱するが、同論説では、「生活権」が憲法二五条とどのような関係にあるのかについては明確に述べられていない。ただ、「生存権も生活権」も「人間の尊厳を回復しようとするもの」であり、「その点において、生活権理念は生存権思想の正統の嫡子」（高柳・注（1）四二頁）であると述べられている点からすると、高柳の「生活権」の主張は、実質上、憲法二五条が保障する生存権の再構成を主張したものとみることもできる。

（6）　美濃部達吉（宮沢俊義補訂）・日本国憲法原論〔補訂版〕（有斐閣・一九五二）一八四頁。同旨、同・新憲法概論（有斐閣・一九四七）一六一頁。

（7）　佐々木惣一・改訂日本國憲法論（有斐閣・一九五二）四三三頁。

（8）　鵜飼信成・憲法（岩波書店・一九五六）一四一頁。

（9）　清宮四郎・全訂憲法要論（法文社・一九六一）一三八頁。このほか、同旨のものとして、横川博「生存権の保障」清宮四郎＝佐藤功編・憲法講座 第二巻（有斐閣・一九六三）二一九頁以下、芦部信喜＝小嶋和司＝田口精一編・憲法の基礎知識（有斐閣・一九六六）九九頁以下〔田口執筆〕などがある。

（10）　たとえば、大須賀明・生存権論（日本評論社・一九八四）一六頁、樋口陽一＝佐藤幸治＝中村睦男＝浦部法穂・憲法Ⅱ（青林書院・一九九七）一三八頁以下〔中村執筆〕、山下健次・人権規定の法的性格（三省堂・二〇〇二）一〇八頁以下、橋本公亘・日本国憲法（有斐閣・一九八〇）三八五頁、佐藤幸治・憲法〔第三版〕（青林書院・一九九五）六一九頁以下、伊藤正己・憲法〔第三版〕（弘文堂・一九九五）三七九頁、奥平康弘＝杉原泰雄編・憲法学3（有斐閣・一九七七）五四頁以下〔奥平執筆〕、戸波江二・憲法〔新版〕（ぎょうせい・一九九八）三〇〇頁以下、浦部法穂・全訂憲法学教室（二〇〇〇）二二三頁以下、内野正幸・憲法解釈の論点〔新版〕（日本評論社・一九九七）一〇〇頁以下、長尾一紘・日本国憲法〔第三版〕（世界思想社・一九九七）二九〇頁以下、長谷部恭男編著・リーディングズ現代の憲法（日本評論社・一九九五）一五六頁以下〔棟居快行執筆〕、長谷部恭男・憲法〔第三版〕（新世社・二〇〇四）二七八頁以下、松井茂記・日本国憲法〔第三版〕（有斐閣・二〇〇七）五五二頁以下など。

（11）　法学協会編・註解日本国憲法（上）（有斐閣・一九五三）四八九頁。

(12) 宮沢俊義・日本国憲法(日本評論社・一九五五)二六五頁。なお、同様の文章は、宮沢俊義・憲法Ⅱ(有斐閣・一九五九)四一二頁にもみられる。

(13) ホセ・ヨンパルト・人間の尊厳と国家の権力(成文堂・一九九五)六三、六六頁。なお、「人間の尊厳」については、青柳幸一・憲法における人間の尊厳(尚学社・二〇〇九)三頁以下参照。

(14) こうした立場は、その後、池田政章「プログラム規定における消極性と積極性(一)」立教法学三号(一九六一)三七頁、小林直樹・憲法講義(上)〔新版〕(東京大学出版会・一九八〇)五四九頁にみることができる。また、社会権をもって「国民が人間に値する生活を営むことを保障するもの」で、憲法二五条一項が保障する「生存権」は、「国民が誰でも、人間的な生活を送ることができることを権利として宣言したもの」とする芦部の所説(芦部信喜〔高橋和之補訂〕・憲法〔第四版〕(岩波書店・二〇〇七)二五二-五三頁。もっとも、同・演習憲法〔新版〕(有斐閣・一九八八)一九九頁では、「生存権は、つねに国家の現実の給付能力の留保の下に保障される権利」と経済的物質的給付を内容とした権利と理解されている)も、この立場にたっているとみることができる。

(15) 我妻栄・民法研究Ⅷ(有斐閣・一九七〇)一七〇頁。

(16) 佐藤功・ポケット註釈憲法(上)〔新版〕(有斐閣・一九八三)四一八頁。ちなみに、一九五五年の初版では、世界人権宣言二二条は引用されていない。

(17) 佐藤功・日本国憲法概説〔全訂第四版〕(学陽書房・一九九一)二七七頁では、憲法二五条一項が保障する権利は「世界人権宣言第二二条の『自己の尊厳と自己の人格の自由な発展とに欠くことのできない経済的・社会的および文化的権利』と同じ意味である」と述べられている。

(18) これまでの判例及び支配的学説は、憲法一三条が定める幸福追求権を必ずしもすべての人権を包括的に保障した権利とは解釈していない。すなわち、最高裁は、周知のように、憲法一三条は「私生活上の自由」を保障したものと解しており、一般的自由説も、憲法一三条を人格権を含む自由権のみを保障したものと解するにとどまっている。そして、今日有力な人格的利益説も、基本的には自由権を中心に理解しているようである。たとえば、芦部は、憲法一三条が保障する幸福追求権を「個人の人格的生存に不可欠な利益を内容とする権利の総体」と解し、そうした幸福追求権に社会権が含まれるかについて積極説と消極説があるとし、「社会権にかかわる新しい問題は、原則として、包括的規定である一三条によって解決されることになる」としつつ、「積極説により大きな理由があるとしても、幸福追求権は実質的には自由権を主たる内容とする権利ということになるであろう」と述べ（芦部信喜・憲法学Ⅱ〔有斐閣・一九九四〕三四四頁以下）、環境権についても、それは「良い環境の享受を妨げられないという側面」では「憲法一三条の幸福追求権の一内容」をなすが、「環境権を具体化し実現するには、公権力による積極的な環境保全ないし改善のための施策が必要である」という「社会権的な側面との関連では、憲法二五条も環境権の根拠となる」（同〔高橋補訂〕・注（14）二五七頁）として、憲法一三条によっては十分に根拠づけられないとする立場にたっている。また、幸福追求権を「人格的自律の存在として自己を主張し、そのような存在であり続ける上で必要不可欠な権利・自由を包摂する包括的な主観的権利」（「基幹的自律権」）と解する佐藤幸治は、そうした幸福追求権に社会権も原則として包摂されるとするが、社会権については、「二五条を基盤として（本条は、いわば社会権に関する包括的規定といえる）、さらに二六条から二八条にかけて広く保障されているので、『幸福追求権』の補充的適用を問題にしなければならない余地はほとんどない」とし（佐藤・注（10）四四五－五〇頁）、環境権についても、憲法二五条によって根拠づけられうる部分があるとする立場にたつ（同六二五頁）。

（19）　永井憲一＝中村睦男・教育権・生存権（一九八九）一一九－二五頁〔中村執筆〕、大須賀明「社会権の法理」公法研究三四号（一九七二）一一四頁、芦部（高橋補訂）・注（14）二五二頁等。

Ⅱ　憲法改正をめぐる動き

一

日本国憲法制定以来、憲法改正を目指す大きな動きは、これまで二度みられた。一度目は、一九五一（昭和二六）年の占領終了とともに、保守党の側から憲法改正が主張され、一九五六年に憲法調査会が設置された時期である。そして、二度目が、一九九〇年代の憲法改正論議にはじまり、今日にいたる時期である。本稿は、後者の動きのうち、特に二〇〇〇年の憲法調査会の設置にはじまる過去一〇年の動きを素描することを目的とする。

ところで、憲法改正の実現という観点からみた場合、過去一〇年の動きは、二点で重要な意味をもっていた。ひとつは、憲法改正のための制度がほぼ整えられたことであり、もうひとつは、予想される憲法改正の内容がほぼ明らかになってきたことである。

ていた。

二

1　(1)　一九九九年の国会法の改正にもとづいて、二〇〇〇年一月に、「日本国憲法……について広範かつ総合的に調査を行［う］」（国会法一〇二条の六）ことを目的として、両院に憲法調査会が設置された。国に憲法調査機関が設置された例としては、一九五六年に、憲法調査会法にもとづいて、鳩山一郎内閣のもとに設置された憲法調査会がある。このときの憲法調査会は、野党第一党の社会党や主要な憲法学者が改正に反対する立場から参加を拒否した結果、憲法改正を主張していた自由民主党の国会議員と同党に近い立場の学識経験者を中心に構成され、そうした事情もあって、憲法改正国民投票法の制定にも失敗し、憲法改正の実現にほとんど資することなく、一九六四年に調査報告書を内閣に提出して活動を終了した。これに対して、二〇〇〇年に設置された憲法調査会は、国会議員（衆議院五〇名、参議院四五名）のみで構成されたが、同調査会には共産党や社会民主党も参加し、こうした事情のもとで、今回の調査会は、後述するように、目指すべき憲法改正の内容に関するコンセンサスをある程度形成することに成功するとともに、憲法改正のための制度の整備に道筋をつけることに成功し、憲法改正の実現にとって重要な役割を果たすことになった。

ところで、二〇〇〇年に憲法調査会が設置された背景には、一九九〇年代にはじまる憲法改正論議があった。周知のように、日本国憲法を占領軍による「押しつけ憲法」として日本国憲法の全面改正を目指した一九五〇年代の憲法改正の試みが挫折したことにより、憲法改正論議はいったん鎮静化するが、一九九〇年代に入り、冷戦の終結、湾岸戦争の発生、環境汚染の深刻化等を背景にして、憲法改正論議は再び活発化することになった。すなわち、一九九一年に、日本新党が政策大綱で憲法改正を目指す方針を示したのを皮切りに、一九九二年には、自由民主党特別調査会（小沢調査会）が「積極的・能動的平和主義」を内容とした提言をとりまとめ、一九九四年には、読売新聞社が自衛力の保持と国際活動への自衛隊の参加を認め、また、環境権等の明文化を内容とする憲法改正試案を公表した。そして、こうした動きを背景にして、一九九七年に、国会では、憲法論議の場を設けることを目的とした憲法調査委員会設置推進議員連盟が結成され、そこでの検討を経て、設置される憲法調査会には憲法改正のための具体的な議案提出権がないこと等の申合せのもとに、国会法の改正により、憲法調査会が設置されたのである。

(2)　二〇〇五年四月に提出された衆議院憲法調査会報告書では、委員の意見が論点ごとに分類され、発言した委員の数が全体の三分の二以上を占めた意見は「多数意見」と明記されているが、こうした報告書の中で、憲法改正の手続という論点については、報告書提出後も引き続き憲法問題を取り扱う国会の常設機関を設置すべきであるとする意見と、憲法改正手続法を早急に整備すべきであるとする意見が「多数意見」と明記された。そして、これをうけて、二〇〇五年九月に、衆議院に憲法調査特別委員会が設置され、翌二〇〇六年五月に、憲法改正手続法案が与党（自民党・公明党）と民主党から議員提出法案として国会に提出され、その後、両案を併合した与党提出の修正案が両院の憲法調査特別委員会及び本会議での審議を経て、二〇〇七年五月に与党の賛成により可決され、こうして、「日本国憲法の改正手続に関する法律」(以下では「憲法改正手続法」とよぶ)が成立した。こうした経緯からすると、憲法改正のための具体的な議案提出権がない憲法調査会設置の狙いは、憲法改正の内容についてある程度のコンセンサスを形成することもさることながら、それ以上に、長年の懸案事項であった憲法改正手続法を制定し、憲法改正原案の発議権をもった常設委員会を国会に設置するための道筋をつけることにあったとみることもできる。

2 制定された憲法改正手続法は、憲法改正国民投票と憲法改正発議に関する手続を定め、公布から三年後に施行されるものとされた。このような憲法改正手続法とそれに関連して改正された国会法の主な内容は、以下のとおりである。

(1) 憲法改正原案の発議について、①発議権は、後述する憲法審査会のほか、衆議院議員一〇〇名以上及び参議院議員五〇名以上にのみ認められ(国会法六八条の二・一〇二条の七)、内閣には認められなかった。②憲法改正の対象が複数の条項ないし事項に及ぶときに、発議は個別事項ごとに行われるべきかどうかが法案の審議にさいし問題となった。この問題は、たとえば憲法九条の改正と環境権の創設について一括して投票を求める「抱き合わせ投票」を排するという観点から、できるだけ個別事項ごとに発議されるべきだとする要請や、憲法全体が整合性をもつために、関連する事項については一体として賛否が問われるべきだとする要請にどのように対応すべきかという問題である。結局、学説及び日弁連から個別投票方式が強く主張されたこともあり、国会法では、憲法改正原案の発議は、「内容において関連する事項ごとに区分して」行われるものと定められ（六八条の三）、憲法改正手続法でも、「投票は、国民投票に係る憲法改正案ごとに、一人一票に限る」（四七条）と定められ、一応、個別投票方式が採用された。もっとも、「内容において関連する事項ごとに区分」するという場合、自衛戦力の承認と集団的自衛権の承認は区分されない可能性が大きく、のみならず、自由民主党の憲法改正構想のように、新憲法草案という形式がとられた場合には、草案全体についての一括投票となるであろうから、実質上「抱き合わせ投票」が実施される可能性は少なくない。

(2) 発議から国民投票までには十分な国民的な議論をするに足りる期間が保障されるべきだとする意見も学説や日弁連から主張されたが、憲法改正手続法は、国民投票は、国会が憲法改正を発議した日から六〇日以後一八〇日以内において行うと定めた（二条一項）。

(3) 国民投票における「その過半数」とは、有権者数、投票者数、有効投票数のいずれの過半数とすべきかが従来論議されてきたが、憲法改正手続法は、有効投票数とした（九八条二項・一二六条）。この結果、理論的には、棄権者あるいは無効票が多く出るような場合には、少数の投票あるいは賛成で憲法改正が承認される可能性が生ずることになった。こうしたことから、憲法改正手続法の制定にあたって、最低投票率制度（投票の過半数の賛成を得ることに加えて、有権者の一定の割合が国民投票に参加することを国民による承認の要件とする制度）の採用が主張されたが、衆参の憲法調査特別委員会は、ボイコット運動誘発の弊害等があるとして、採用は適切でないとした。最低投票率制度及び絶対投票率制度（投票の過半数の賛成を得ることに加えて、有権者の一定の割合が改正提案に賛成することを国民による承認の要件とする制度）については、制度採用の前提とされているような、少数の投票あるいは賛成で憲法改正が承認されるという事態の発生は、今後予想される憲法改正を前提にするかぎり、実際には考えにくいと思われるが、その点を別にすると、上記の割合を高く設定すれば、憲法九六条が定める憲法改正手続を法律によって加重することになり、逆に低く設定すれば、少数の有権者の賛成による憲法改正を正当化することになることや、投票のボイコット運動を誘発し、投票者が賛成者とみなされ、投票の秘密を侵害する危険性もあること等を考慮すれば、両制度の採用については慎重であるべきであろう。

(4) 国会法の改正により、両議院に憲法審査会が設置されることになった（国会法一〇二条の六）。憲法審査会の権限は広範にわたるが、当面重要な権限は、憲法改正原案を審査し、発議する権限である。憲法改正原案の発議権は、前述したように、両議院の一定数の議員にも認められているが、実際には、憲法改正原案は、憲法審査会で審査され、憲法審査会によって発議される可能性が大きい。憲法審査会は、二〇〇七年に両議院に設置され、審査会の運営方法を定める審査会規程は、衆議院では二〇〇九年に制定され、参議院でも、二〇一〇年一〇月に、民主・自民両党が同規程を制定する方針で一致し、この結果、憲法審査会が始動する態勢が整うことになった。

三

第二に、この一〇年は、予想される憲法改正の内容がほぼ明らかになってきたという点でも重要な意味をもっていた。

1　二〇〇五年に両院の憲法調査会の報告書が提出されたのとほぼ歩調を合わせた形で、民主党、自由民主党等の憲法改正構想が公表された。こうした主要政党の憲法改正構想と憲法調査会報告書において、改正されるべきだとされている点は多岐にわたっている。しかし、全体を通覧すると、想定される憲法改正の内容としては、現行憲法の基本原則（国民主権主義、基本的人権尊重主義、平和主義）を維持しつつ、憲法九条の改正と新しい人権の明文化、特に環境保全条項の創設が中心となっているようである。

2　まず、憲法九条についてみると、衆議院憲法調査会報告書では、自衛権の行使として必要最小限度の武力の行使を認める意見、自衛権及び自衛隊について何らかの憲法上の措置をとることを否定しない意見、集団的自衛権の行使を認める場合には憲法改正によるべきであるとする意見、非軍事の分野にかぎらずに国連の集団安全保障活動に参加すべきであるとする意見が「多数意見」とされ、参議院憲法調査会報告書でも、自衛のための必要最小限度の組織が必要であるとする意見が、五党（自民、民主、公明、共産、社民）の間で「おおむね共通の認識があったもの」とされている。また、二〇〇五年一〇月の「憲法提言」の中で示された民主党の憲法改正構想では、日本国憲法に「制約された自衛権」を明文化し、国連多国籍軍への参加を可能にする改正を行うべきことが提言されており、二〇〇五年一一月の新憲法草案で示された自由民主党の憲法改正構想では、自衛軍の保持の明文化と自衛軍による国際協調活動の承認が提案されている。このようにみると、憲法九条の改正によって目指されているのは、自衛戦力の保持の明文化と国際協調活動への軍事的参加の承認である。

次に、環境保全についてみると、衆議院憲法調査会報告書では、環境に関する条項等の新しい人権を憲法に規定すべきであるとする意見が「多数意見」と明記され、参議院憲法調査会報告書では、憲法上に環境権等の新しい人権規定を設けるべきであるとする意見が自民、民主、公明の三党のおおむね一致した意見とされている。また、民主党の「憲法提言」では、環境優先の思想を憲法上言及すべきこととされ、自民党の新憲法草案では、国の環境保全責務の明文化が提唱されている。

四

1　憲法改正のための制度が整備され、想定される憲法改正の内容もほぼ明らかになりつつあるいま、国民は、はじめて憲法改正を問われる可能性が出てきた。もとより、憲法九条と環境保全については、これまでと同様に、今後も、憲法の解釈とそれにもとづく立法で対処されていく可能性は大きい。しかし、近時の状況に照らすと、憲法改正の道が選択される可能性も否定できない。だとすると、われわれは、憲法の解釈と改正のいずれの方法を選択すべきかという立憲主義のあり方にかかわる点を含めて、「国のかたち」にかかわる問題についての態度決定を迫られつつあるといえる。最後に、この点について、若干の私見を交えて、簡単に述べておくことにしたい。

2　まず、憲法九条についていえば、自衛力の保持のみならず、集団的自衛権によってのみ正当化することができる法律（周辺事態に際して我が国の平和及び安全を確保するための措置に関する法律）も憲法九条に反しないとしてきた従来の政府の弾力的解釈の手法と、憲法九条の改正に批判的な世論の動向（たとえば、二〇一〇年五月四日の朝日新聞朝刊の世論調査では、戦争放棄・非武装規定としての憲法九条の改正について、賛成は二四％、反対は六七％となっている）を考慮すると、今後も、解釈の変更とそれにもとづく運用で対処するという道が選択される可能性は大きい。しかし、解釈の変更による運用はもはや解釈の限界をこえているとする考え方も有力化しており、また、世論も不変ではないとすると、近い将来、憲法九条の改正の道が選択される可能性も十分ありうるとみなければならない。そうした場合、憲法改正の提案にどのように対応すべきであろうか。

敗戦後、憲法制定にあたって、政府は憲法は非武装方式を採用したと説明し、また、当時一般にもそのように説明され、そのような意味で、日本国憲法は人類史上画期的な平和憲法であるといわれた。そして、そうした非武装方式の選択は、「文明が速かに戦争を全滅しなければ、戦争が先ず文明を全滅することになる」（幣原喜重郎）（清水伸編著・逐条日本国憲法審議録 第二巻〔増訂版〕（日本世論調査研究所・一九七六）二二頁）という現代の戦争に対する正当な認識のほか、侵略戦争に対する反省と、そうした反省の下に違法な侵略をも甘受するという悲壮な覚悟にもとづいてなされたものであった。一九五七年に刊行された代表的な憲法の教科書で、憲法九条を一切の軍備の保持を禁止した規定と解したうえで、前文について、「ここでは、全面的な戦争放棄・軍備撤廃の挙にでた理由と、その結果生ずる事態についての悲壮な決意が述べられて」いる（清宮四郎・憲法Ⅰ（有斐閣・一九五七）七七頁）と書かれているのは、憲法九条がこうした覚悟と決意のうえに制定されたことを示している。しかし、その後の厳しい冷戦を背景として、わが国は、憲法九条の解釈を変更して軍事力を保持するという選択を行い、その結果、憲法と現実との間に矛盾ないし空隙が生ずることになり、以来、そうした空隙にどのように対応すべきかという課題に直面し続けることになった。そして、こうした課題に対して、周知のように、これまで憲法九条の改正をはじめとして様々な対応策が主張されてきたが、この点についての私見を結論的に述べれば、憲法九条は今後も非武装規定として堅持されるべきだということである。その最も大きな理由は、非武装規定としての憲法九条は今後国際社会が目指すべき安全保障方式に適合しているという点にある。すなわち、国際社会は、二度に及ぶ世界大戦の後、国際連盟と国際連合という集団安全保障体制を採用することにより、戦争を禁止する方向に向かっているが、今後は、国連憲章が定める集団安全保障体制をさらに発展させて、すべての加盟国に軍事力の保持を禁止するような、より高次の集団安全保障体制の形成を目指すべきであると考えている。そして、こうした立場からすれば、非武装規定としての憲法九条は、このような高次の集団安全保障体制にふさわしい国家の安全保障方式を示したものということになろう。これに対して、それぞれの国家が軍事力を保持することによって自国と国際社会の平和と安全を維持するという、近代以来の安全保障方式を将来においても目指すべき目標だと考えるならば、非武装規定としての憲法九条は改正されるべきである。

ところで、以上のように、憲法九条は非武装規定として今後も堅持されるべきだとした場合、憲法九条はわが国の目標を定めた規定ということになる。換言すれば、憲法九条にもとづいて、わが国の政治部門（国会及び内閣）は、高次の集団安全保障体制とわが国を含む全世界の非武装化を実現すべく積極的に努力すべき責務を負うことになる。しかし、いうまでもなく、こうした責務の実現は国際情勢に依存せざるをえず、また、政治部門は国民の生命と安全を守るという重大な役割を担っており、しかも、今日の国際社会の現実に照らせば、今後違法な侵略は生じえないと断ずることは困難である。それ故、こうした点を考慮すれば、右の責務を実現するために講ずる措置の選択にあたっては、政治部門にはある程度広い裁量が認められざるをえないであろうし、また、政治部門がそうした責務を果たすことができていないとしても、そのことをもって直ちに違憲と断ずることは妥当でないであろう。このような意味で、憲法九条は、わが国が目指すべき目標を定めた規定とみるべきであるが、しかし、もとより、憲法九条は、プログラム規定ではなく、法規定である以上、憲法九条の実現にあたって政治部門に認められる裁量には限界があり、国の措置が裁量の逸脱・濫用とみざるをえないような場合には、当該措置は違憲と判断されるべきであろう。

3 次に、環境保全についていえば、環境保全が二一世紀のわが国にとっても重要な課題であるとすれば、その憲法化はどのようにして行われるべきかが問題となる。この点について、これまでの憲法学説は、人権としての環境権の意義を高く評価しつつ、環境権と国の環境保全責務を憲法一三条や憲法二五条の解釈によって憲法上根拠づけてきた。他方、憲法調査会報告書や各党の憲法構想では環境保全条項の明文化が提唱されており、また、世論調査でも、環境保全条項の明文化の要求は強い(たとえば、二〇〇一年の読売新聞の世論調査では、環境権等の新しい人権の明文化について、賛成七六%、反対一五%となっている)。こうした環境保全条項の明文化の要求は、地球規模での環境危機を背景とした正当な主張であり、筆者も、基本的には、環境保全条項を憲法上明文化することが妥当だと考えている。その主たる理由は、第一に、環境保全条項は、今後のわが国の目標を示す規定という性質をもつことになるが、そうした国家目標を憲法上承認する方法としては、主権者たる国民の決定による憲法改正の方法の方が憲法解釈の方法よりも国民主権原理に照らして妥当であるからであり、第二に、環境保全条項が憲法に採用されることにより、国民の間に自らの憲法という意識を強め、日本国憲法の安定性と実効性を一層強化することになるからである。

しかし、他方で、少なくとも政党レベルでの憲法改正の主たる狙いが憲法九条の改正にあることや近年の不安定な政治状況を考慮すると、こうした状況下での環境保全条項創設のための憲法改正の主張は、客観的には憲法九条の改正に資することは否定できない。したがって、憲法九条を堅持すべきだとする立場からすれば、憲法九条は正しい目標を定めているというコンセンサスが広く形成されることによって憲法九条が改正の対象とならないようになるまでは、環境保全条項創設のための憲法改正を主張することには慎重であるべきであろう。換言すれば、環境保全条項の創設といった憲法を深化発展させる方向での憲法改正が行われるような成熟した立憲主義国家にわが国がなるためには、憲法九条が国是となることによって改正の対象とならなくなることが不可欠の条件であるということである。そして、憲法九条をわが国の国是とすることは、侵略戦争に対する反省にもとづいて、「我が国に於ては如何なる名義を以てしても交戦権は先ず第一、自ら進んで放棄する、放棄することに依って全世界の平和の確立の基礎を成す、全世界の平和愛好国の先頭に立って、世界の平和確立に貢献する決意を、先ず此の憲法に於て表明したいと思う」(吉田茂)(清水編著・前掲書八三頁)と憲法制定にあたって全世界に向かって表明されたわが国の道義にも適うことになるように思われる。

〈参考文献〉

芦部信喜「憲法改正問題の概観」ジュリスト七三号(一九五五)一三頁以下

佐藤功「最近における改憲論議」ジュリスト一〇二〇号（一九九三）一〇五頁以下
中村睦男「憲法改正論五〇年と憲法学」法律時報六六巻六号（一九九四）七六頁以下
座談会「憲法調査会報告書の検討とこれからの課題」法律時報七七巻一〇号（二〇〇五）四頁以下
長谷部恭男「改憲発議要件の緩和と国民投票」全国憲法研究会編『続・憲法改正問題（法律時報増刊）』（日本評論社・二〇〇六）八頁以下
橘幸信＝高森雅樹「憲法改正国民投票法」ジュリスト一三四一号（二〇〇七）四六頁以下
岩間「憲法九条と解釈・変遷・改正」同・戦後憲法学の諸相（尚学社・二〇〇八）一三〇頁以下

（ジュリスト一四一四号（二〇一一年））

Ⅲ　日本国憲法と非常事態・環境保全

一

二〇一一年三月一一日の大地震・津波と福島第一原子力発電所の事故によって生じた事態は、憲法学の観点からいえば、非常事態と環境保全にかかわる事態にほかならない。そこで、以下では、今回の震災について、非常事態と環境保全の観点から若干検討することにしたい。

二

1　原子力発電所の破損により大量の放射性物質が放出された今回の事態は、多くの国民と国土に甚大な被害をもたらしているのみならず、わが国および周辺地域の環境および生態系に深刻な被害を及ぼしている可能性があり、被害の規模・時間（将来世代にまで及ぶ）・程度を考慮すると、勝義の非常事態と呼ぶことができる事態である。しかも、今回の震災に匹敵する事態が今後も発生することが予想されるとすると、日本国憲法は、こうした非常事態に十分対応することができるのかどうかが問題となりうる。実際、今回の震災に関連して、「東日本大震災は、非常事態に関する規定をほとんどもたない憲法の危うさを浮き彫りにした」として、今後も想定される非常事態に対処するためにも、憲法に緊急権規定を設けるべきだとする動きが自民党内に浮上してきたことが報じられている(朝日新聞二〇一一年五月二日付朝刊、読売新聞二〇一一年五月三日付朝刊)。もっとも、こうした主張は、これまでも、たびたびみられたところである。たとえば、一九六四年の憲法調査会の多数意見は、憲法は「国権発動の根本規範」である以上、「非常事態に対処する措置」も「あくまでも憲法に根拠を有し、憲法に基づいて行われる措置として扱うことが成文憲法主義ないし法治主義の建て前」だとして、憲法に緊急権規定を創設すべきことを提唱し(憲法調査会最終報告書〔七七四頁〕)、また、二〇〇五年の衆議院憲法調査会の多数意見も、憲法上に非常事態に関する規定を設けるべきだとしている(衆議院憲法調査会報告書〔二五一頁〕)。したがって、こうした事情からすると、憲法に緊急権規定を設けるべきだとする主張は、「安全・安心な社会」を求める世論を背景にして、今後一層強まることが予想される。もとより、この問題は、これまでもたびたび論じられてきたところであるが、日本国憲法の命運にかかわる問題であることにかんがみ、改めて検討しておくことにしたい。

2　立憲主義の理念は、何よりも法により公権力を拘束して、国民の権利と自由を保障することを目的とする。こうした立憲主義にもとづく法秩序のもとでは、公権力の任務・組織・権限は法により規律され、その発動は法による授権の枠内でのみ許されるという建前をとる。ところが、現実には、正常時を想定した法による授権の枠内では対処しがたい事態（戦争・内乱・自然災害などの非常事態）が発生しうる。このため、近代以来、国民の生命と安全を確保するために、非常事態にどのように対応すべきかが論議され、各国の法秩序は、歴史や法文化などの違いに応じて、様々な形で対応してきたが（こうした対応については、小林直樹「緊急権」宮沢俊義先生還暦記念・日本国憲法体系（一）（有斐閣・一九六二）二一一頁以下参照）、そうした対応には、法形式を基準にみると、大別して、原則として憲法に緊急権規定を定めて対処する方式と法律によって対処する方式がみられる。わが国では、明治憲法は、非常大権（三一条）等を憲法に定め、前者の方式を採用したが、日本国憲法は、後者の方式を採用し、今日までそのように運用されている。すなわち、日本国憲法は、非常事態に関し、非常事態の主要な一形態である戦争を放棄するとともに、緊急権規定としては、五四条二項で、参議院の緊急集会制度を定めるにとどめている。これは、国会中心主義にもとづいて、「非常事態にさいしては臨時会あるいは参議院の緊急集会で必要な措置を暫定的に講じるほか、特殊な場合に応じる具体的な必要な規定は平素から準備しておくことが適当」（憲法制定に際しての金森国務大臣の答弁（清水伸編著・逐条日本国憲法審議録〔増訂版〕（日本世論調査研究所・一九七六）第二巻二三二頁、四五八頁、第三巻四一一頁以下））として、非常事態に対しては、あくまでも法律によって対応しようとする立場を採用したことによる。そして、政府は、これまで、基本的にこうした立場にたって、災害対策基本法、いわゆる武力攻撃事態法等の有事関連法、大規模地震対策特別措置法、原子力災害特別措置法等を制定し、事態に対処してきた。(1) 今回の震災に際しても、内閣総理大臣は、原子力災害特別措置法一五条二項にもとづいて、原子力緊急事態宣言を発し、同二項にもとづいて、知事らに対して、住民の避難等に関する指示を行った。

3　非常事態に対処する方式としては、いずれが妥当であろうか。いずれの方式にも長所と短所があるが、法律によって対処する方式が基本的に妥当だと考える。その主たる理由は、①同方式のもとでも非常事態にかなりの程度まで対応することができるからであり、[2] また、②憲法に緊急権規定を設ける方式のもとでは、現代の非常事態に実効的に対応できる規定を設けようとすれば、不可避的に全権委任規定とならざるをえず、非常事態を立憲主義に服せしめるという緊急権規定創設の趣旨ないし狙いに反する結果を招来することになるからである。[3]

4　ところで、非常事態に法律によって対処する方式を採用した場合、少なくとも、次の二点が問題となる。

(1)　ひとつは、必要な法律が制定されなかったり、あるいは制定された法律では十分対処できないような場合にはどうするのかという問題である。前述した立憲主義の法理からすれば、政府は行動できないということになる。しかし、ベッケンフェルデが正当に指摘するように、[4] 実際には政府は国民の生命や財産を守るために行動せざるをえないことを考慮すれば、こうした事態に対しては、英米法系の国で認められている不文の「necessity の法理」を認めて、事態克服のため必要最小限度の措置を政府がとることを、事後の国会による政治的統制と裁判所による法的統制に服せしめることを条件に認める立場が妥当であろう。[5]

(2)　もとより、成文憲法主義にたつ日本国憲法のもとでは可能な限り不文の法理に依拠されるべきでない以上、憲法は、国会——衆議院の解散中は参議院（憲法五四条二項）——が必要かつ適切な法律をその都度迅速に制定することを期待し、要請しているとみなければならない。しかし、国会（参議院）がそうした要請に十分に応じない状況が生じうる可能性がある。そうした場合、どうすべきかという問題が生じるが、こうした場合の対応の仕方については、次の二つの考え方がありうる。ひとつは、政党と議員は「マニフェスト」と党議の厳格な拘束のもとで行動すべきだとする基本的立場にたったうえで、非常事態が発生した場合には、一時的に「政治休戦」をして事態に一致協力して対処すべきだとする考え方であり、もうひとつは、そもそも憲法上政党と議員は「国民の福利」の実現を目指して行動することが求められているのだから、非常事態においてのみならず、正常事態においても、政党と議員は、「国民の福利」に反すると判断される場合には「マニフェスト」や党議に必ずしも拘束されずに、「国民の福利」を目指して柔軟に行動すべきだとする考え方である[6]。いずれが妥当かが問題となるが、①参議院の緊急集会制度や両院協議会制度など憲法が定める制度の全体をみると、憲法は後者の立場にたっているとみることもできること、のみならず、②不断に非常事態発生の可能性があり、事態が発生した場合には状況に応じて柔軟かつ迅速に対応することが求められることからすれば、少なくとも今後は後者の立場が妥当であるように思われる。そして、こうした立場からすれば、今日問われているのは、制度ではなく、政党と議員のあり方、とりわけ、「国民の福利」を判断する能力と識見を備えた政治的選良たるべき議員一人ひとりの資質であり、もし、こうしたあり方が変革されず、国会(政党と国会議員)が非常事態に的確に対応することができないときには、ワイマール・ドイツの議会制の歴史が悲劇的な形で示したように、国民は議会制を否定し、より効率的な体制を選択することになるであろう。

5　現代における非常事態の特質がいったん発生すれば正常事態への復帰が不可能になるという不可逆性に

あるとすれば、非常事態対処の方式としていずれを採用しようとも、事態への対処においては予防が重要となる。(7) そして、今回の震災に関連して、予防という観点から問題となりかつ重要となるのが、原子力発電所と環境保全である。

三

今回の震災を契機にして、原子力発電所を今後どうすべきかが改めて問われることになった。この問題は、原子力災害という非常事態の発生の予防という点では非常事態にかかわる問題であると同時に、今日における最も重要な環境保全にかかわる問題でもある。

1　周知のように、福島第一原子力発電所の事故発生後、各国は原子力発電所に対する対応の再検討を迫られているが、こうした各国の対応で注目されるのは、ひとつは、原子力発電所を廃止して再生エネルギーへの転換をはかる国(ドイツ、スイス)が出現したことであり、もうひとつは、そうした政策転換にあたって世論が決定的ともいえる役割を果たしていること、なかでも、国民投票で決定する国(イタリア)が現れるようになったことである。

2　わが国では、原子力発電所の存廃については、事故発生後も、これまでと同様に、政府がエネルギー政策の一環として決定する方式が採られている。しかし、他方で注目されるのは、①世論では「脱原発」の主張が強まっていること（最近の世論調査によれば、「原子力発電を段階的に減らし、将来は、やめる」ことに賛成が七四％、反対が一四％となっている（朝日新聞二〇一一年六月一四日付朝刊））であり、②こうした世論を背景にして、原子力発電所の運転停止を求める訴訟を提起する動きとならんで、弁護士（朝日新聞二〇一一年四月二二日付朝刊）、政治家（同七月二日付朝刊）、ジャーナリスト（同七月六日付朝刊）らにより、国民投票で決すべきだとする意見が主張されていることである。こうした状況からすれば、今日、我々が判断を迫られているのは、原子力発電所をどうすべきかという問題もさることながら、それ以上に、この問題をどのようにして決定するのか、とりわけ、選挙や世論調査で表明された民意に配慮しつつ、政府が決定するのか、それとも国民投票で決定するのか、という問題である。この点について、国政の重要事項を国民投票で決定するという直接民主主義の方式に対しては、従来の憲法学説では、慎重論が有力であった。すなわち、国民投票の実施は、これまで、一九六〇年の日米安全保障条約改正の是非について政治学者（辻清明・政治を考える指標（岩波書店・一九六〇）四八頁以下）により、また、一九九二年のＰＫＯ協力法の制定の是非について政治家（山花貞夫社会党書記長（当時）、読売新聞一九九二年七月一八日付朝刊）によりそれぞれ主張されたが、憲法学説では、「理念的たてまえにおいて直接民主主義の制度は、政策決定への国民自身の参加ということを意味するが、現実態としてのそれにおいてはしばしば、もっぱら国民意志の名によって所与の権力を正当化するものとしての機能が卓越する」とする認識（樋口陽一・議会制の構造と動態（木鐸社・一九七三）二六二頁）あるいは「治者と被治者のIdentitätという民主制の本質ないし理念」からすれば直接民主制は「最も純粋」な制度ではあるが、「問題は、歴史の教えるところによれば、治者と被治者の自同性の確保がかならずしも人権や民主的価値秩序の保障に連動しなかったことにある」とする認識（小林孝輔「国民投票制」清宮四郎ほか編・新版憲法演習３〔改訂版〕（有斐閣・一九八七）一一三頁以下）にもとづいて、こうした問題に対する国民投票の実施に対しては慎重論が有力であった。たしかに、過去の国民投票制が果たした役割を考慮すれば、こうした認識は重要かつ正当であり、また、わが国で主張された上記の国民投票が憲法所定の条約締結手続（七三条三号）に照らして問題があったほか、憲法改正手続の代替手段として実質上機能する可能性があったことも考慮すると、当時の学説の対応には十分な理由があったといえる。しかし、原子力発電所の存廃問題は、原子力発電所の安全性の評価や代替エネルギー確保の問題等の専門技術的判断を要する問題であると同時に、何よりも国民の生存と生活・地球温暖化等の環境問題・将来世代に「人間の尊厳にふさわしい生存」を保障する現世代の責務等にかかかわる高度の政治的・政策的問題としての性質をもつことからすれば、こうした問題の決定は、国民主権の原理にもとづいて、最大限の情報公開と言論の自由および十分な討議の時間の保障のもとで、主権者たる国民によって行われるのが最も妥当であるように思われる。[9]

四

今回の震災を機に、今後、環境保全を強化すべきだとする主張が強まり、関連して、憲法に環境保全条項を採用するべきかどうかをめぐる論議が活発化することが予想される。この問題について、世論は、環境保全条項の採用には概して肯定的であり、[10] 政党も、環境保全条項の採用に肯定的な立場をとっている。[11] これに対して、憲法学説は、憲法改正により環境保全条項を採用することには概して消極的である。[12] しかし、筆者は、憲法の基本原理と九条を堅持しつつ、将来的には憲法改正により環境保全条項を憲法に採用すべきだと考えている。その理由は、①環境保全条項の採用の要求は、地球規模での環境危機を背景とした世界的動向に対応した正当な主張であること、②環境保全はわが国にとっても重要な国家目標であることが広く承認されているが、そうした国家目標を憲法上承認する方法としては、主権者たる国民の決定による憲法改正の方が憲法解釈よりも国民主権の原理に照らして妥当であること、③憲法上の環境保全条項は、非常事態発生の予防に関し、たんなる立法の指針としての意義にとどまらない法的意義と効果をもちうること、[13] ④環境保全条項が憲法に採用されることにより、国民の間に自らの憲法という意識を強め、憲法の安定性と実効性を一層強化することになること、[14] ⑤戦争こそ最大の環境汚染をもたらすものであるとすると、憲法の環境保全条項は憲法の平和主義を強化することになること、である。

五

原子力発電所の存続について国民投票が実施され、また、将来的には環境保全条項の採用を内容とした憲法改正国民投票が実施されるとした場合、こうした国民投票が権威主義的政治体制確立の手段となることなく、国民主権主義の実質化を促進するための手段となるためには、何よりも、国民のレベルでの条件の確立、とりわけ、「近代国家を主体的に担う精神」としての「理性的自己決定の能力」をもった「自律的個人」の確立（参照、丸山真男・戦中と戦後の間（みすず書房・一九七六）二九七頁以下）と、そうした「自律的個人」を育むところの「自由のための文化的構造」（すなわち、「自己と異なった信仰や生き方に対する寛容と関心、異端であることを恐れずに自己の良心に従う勇気」等を形成する社会的環境）の確立（井上達夫「自由をめぐる知的状況」ジュリスト九七八号（一九九一）二二頁以下）が重要となろう。[15]そして、こうした条件のもとでの自由な討議とそれにもとづく決定を通して、国民が「被害者」かつ「受益者」という「統治の客体」（「臣民」）から責任ある「統治の主体」（主権者）に自己変革を遂げることこそ、震災後の日本に課せられた最も重要な課題であるように思われる。[16]

（1）　こうした政府の立場は、最近では、二〇〇二年五月八日の衆議院の武力攻撃事態への対処に関する特別委員会における津野修内閣法制局長官の答弁にみられる。

（2）　非常事態に対処する現行法の規定のうち、規定上は伝統的な緊急命令権と類似した内容をもち（ちなみに、同法にもとづいて制定された政令は緊急政令とも呼ばれている〔防災行政研究会編・逐条解説災害対策基本法〔第二次改訂版〕（ぎょうせい・二〇〇二）四八三頁以下〕）、制定された政令は法律の「例外規定」を定めることが許されると解される余地をもつ災害対策基本法一〇九条が注目される（この点について、岩間・戦後憲法学の諸相（尚学社・二〇〇八）九一頁以下）。

（3）　事前に実定法上に定められた限定的手段によって対処できるような非常事態のみが発生するという前提条件が存在していた近代と異なり、今日想定されている非常事態（パンデミック、原子力災害、核戦争、地球の温暖化に伴って生じる災害、テロリズム、複合汚染など）は、ひとたび発生した場合の被害の程度と影響力は計り知れず、こうした非常事態に対して実効的に対応することができる緊急権規定は、不可避的に全権委任を内容としたものにならざるをえない。たとえば、一九六八年の基本法改正でかなり包括的な非常事態法制を採用した西ドイツで、一九七〇年代のテロリズムに関連して、公権力発動の法的基礎として、不文の超法規的緊急避難の法理が援用され、超憲法的国家緊急権の法理やより包括的な緊急権制度の導入が学説上提唱されたこと（山内敏弘「西ドイツの国家緊急権」ジュリスト七〇一号（一九七九）四二頁以下、神山敏雄「刑法上の緊急避難と国家行為（上）（下）」ジュリ六九五号（一九七九）一〇一頁以下、六九六号（一九七九）一四二頁以下）や、核戦争にも対処しうるものとして制定されたといわれる現行フランス憲法一六条が定める全権規定のもとですら、別途、判例上非常事態理論が形成され、同憲法下の非常事態法制が全体として憲法一六条を頂点として「その他の多様な緊急権が重層構造をなし、相互に補完作用を営んでいる」（上村貞美「フランス第五共和制における緊急権」法学雑誌二〇巻四号（一九七四）三八頁）といわれているのは、現代における憲法上の緊急権規定が不可避的に全権委任規定とならざるをえないことを示している。激動するワイマール・ドイツのもとで、非常事態の問題を考察したカール・シュミットが、「非常事態の本質は、原理上無限定の権能、すなわち全現存秩序の停止にある」（C. Schmitt, Politische Theologie, 2. Aufl. (1934) S. 11f.) と主張したのは、現代における緊急権規定の本質を捉えたものだといえる。

（4） ベッケンフェルデはいう。「国家行動の実際」では、法が存在しない場合には国家機関は行動しないという「選択が実現されることはないであろう。というのも、とりわけ安全と法秩序の保障という国家の根本目的が問題となる非常事態にあっては、国家機関の行動への圧力は極度に強いからである」。その結果招来される事態は、「国家機関が行動しないことではなくて、所定の法的限界を無視した行動であり、法的拘束から解き放たれた領域への移行である」（E.-W. Böckenförde, Der verdrängte Ausnahmezustand. NJW Heft 38 (1978) S. 1885）。

（5） こうした立場にたつものとして、河原畯一郎「マーシャル・ルール、反乱、緊急事態」ジュリスト一六三号（一九五八）四二頁、和田英夫「緊急権と抵抗権」橋本公亘＝和田英夫編・岩波講座現代法（二）現代法と国家（岩波書店・一九六五）一六五頁。ちなみに、こうしたイギリスの対応の仕方について、ヘッセは、「十分な権限と可能な最高度の責任が結合」されたものとして高く評価する（K. Hesse, Ausnahmezustand und Grundgesetz, DöV (1955) S. 744）。

（6） たとえば、佐藤幸治は、日本国憲法の「代表」の本質を、国会が、選挙を通して、実在する民意を忠実に反映しつつ、また、実在する民意との不断の交流をはかりつつも、自由な討論と表決により国民全体の福利の実現を目指して独自に意思を形成する点にみる（憲法〔第三版〕（青林書院・一九九五）一三九頁以下）。また、松井茂記（二重の基準論（有斐閣・一九九四）三四四頁）も、立法府は選挙民や利益集団の圧力に屈することなく、「熟慮」にもとづく討議を通して「公共善」の実現を目指すべきだとするアメリカの共和主義憲法理論を支持する。なお、アメリカの共和主義憲法理論については、大沢秀介・アメリカの政治と憲法（芦書房・一九九二）一二頁以下、長谷部恭男「政治過程としての違憲審査」ジュリスト一〇三七号（一九九四）一〇五頁以下。ちなみに、こうした考え方は、ドイツでも有力であり、そこでは、政党と議員は、選挙時の「公約」が「公共の福利」に反すると判断される場合には、選挙時の「公約」に必ずしも拘束されないと考えられている（岩間・憲法破毀の概念（尚学社・二〇〇二）二五六頁以下）。

（7）今日、非常事態の問題は、「リスク管理」の問題として論じられる傾向にあるが、そこでは、予防原則あるいは事前配慮原則が重視されている。こうした点については、ウルリヒ・ベック（東廉＝伊藤美登里訳）・危険社会（法政大学出版局・一九九八）、高橋滋「環境リスクと規制」森島昭夫ほか編・環境問題の行方（ジュリスト増刊）（有斐閣・一九九九）一七六頁以下、高橋滋「リスク社会下の環境行政」ジュリスト一三五六号（二〇〇八）九〇頁以下、大塚直「予防原則・予防的アプローチ補論」法学教室三一三号（二〇〇六）六七頁以下、山田洋「リスク管理と安全」公法研究六九号（二〇〇七）六九頁以下、植田和弘＝大塚直監修・環境リスク管理と予防原則（有斐閣・二〇一〇）など参照。

（8）ドイツでは、基本法二〇a条の解釈として、許容されうるリスクと禁止されるべきリスクがあるとする主張がみられるが（R. Steinberg, Der ökologische Verfassungsstaat (1998) S. 28）、こうした解釈にたった場合、原子力発電所に伴うリスクが後者のリスクに入るとすると、原子力発電所の問題は「憲法執行」の問題となる。しかし、日本国憲法のもとで、現在そうした解釈は、寡聞ながら、少なくとも憲法学説上はみられない。

（9）なお、二〇〇五年の衆議院憲法調査会の最終報告書（二五〇頁）では、特定の問題について是非を問う国民投票制度の導入については、「議会政治を補完して、様々なニーズや意見を反映させる途を設けるべきである」とする積極的意見と、「政策の是非を判断する手段を必ずしも有しない国民に対し、直接その意思を問うことは危険である」とする消極的意見が主張されている。

（10）二〇〇一年の読売新聞の世論調査では、環境権等の新しい人権の明文化について、賛成七六％、反対一五％となっている（読売新聞二〇〇一年三月二七日付朝刊）。

（11）二〇〇五年の衆議院憲法調査会報告書（二四〇頁）では、環境に関する条項等の新しい人権を憲法に規定すべきであるとする意見が「多数意見」となっており、同年の参議院憲法調査会報告書（一三七頁）でも、憲法上に環境権等の新しい人権規定を設けるべきであるとする意見が自民、民主、公明の三党のおおむね一致した意見となっている。なお、憲法調査会での議論については、塩田智明「衆議院憲法調査会における『環境』に関する議論」ジュリスト一三二五号（二〇〇六）七四頁以下参照。

(12) たとえば、松本和彦「憲法における環境規定のあり方」ジュリスト一三二五号（二〇〇六）八二頁以下。また、参照、石川健治「憲法改正論というディスクール」同九〇頁以下。従来の学説の動向については、岩間・注（2）三一頁以下。ちなみに、環境保全条項の憲法への採用に対する対応にみられる世論・政党と憲法学説との間の同様の対立は、ドイツでもみられた。すなわち、ムルスヴィークによれば、旧西ドイツでは、一九七〇年代に入って、憲法改正により何らかの環境保全条項を基本法に導入すべきだとする主張がみられるようになり、八〇年代に入ると、環境保全条項の導入の是非をめぐって、活発な議論が展開されることになったが、その際、多くの市民や政治家は、ドイツで環境保全が十分でないのは基本法に環境保全条項が欠けているからだと考えて、憲法改正により環境保全条項を基本法に導入することを支持した。これに対して、多くの法学者は、基本法に環境保全条項がなくても環境保全に必要なすべての法律を制定することはできるから、憲法改正により環境保全条項を憲法に導入する必要はないとする立場をとった。しかし、結局、一九九四年の憲法改正により、環境保全条項が基本法に導入されることになった（デイートリッヒ・ムルスヴィーク「国家目標としての環境保護」ドイツ憲法判例研究会編・人間・科学技術・環境（信山社・一九九九）二五七頁以下）。

(13) ムルスヴィークは、基本法二〇a条（環境保全条項）を国家目標規定と解しつつ、同規定から、以下のような法的要請を引き出す。すなわち、①有害物質による環境財に対する負荷の法的評価にあたっては、何年にもわたる負荷の堆積も考慮されなければならないこと、②ドイツにおける人間の生存にとって不可欠な生活基盤の存続が危険にさらされているような場合には、「この生存の基礎の破壊は、他のいかなる国家任務によっても正当化することができない」以上、基本法二〇a条にもとづいて、「環境保全の絶対的な優位が生じる」こと、③「それなしには人間の生存が長期的には不可能かあるいは重大な病気の頻発を伴わざるをえないような環境財」が問題となる場合には、「当該環境財が破壊されるほんのわずかの蓋然性がある場合」でも、基本法二〇a条から、そうしたリスクに対して事前配慮をする国家の義務が生ずること、である（ムルスヴィーク・注（12）二五九頁以下）。なお、大塚直（「憲法における環境規定のあり方」ジュリスト一三二五号（二〇〇六）一一一頁）も、わが国で憲法を改正して環境保全条項を導入した場合の意義は国のリスクに対する事前配慮義務の承認にあるとする。

(14) ドイツで環境保全条項の採用が国民に対する憲法の統合機能を強化したとするのは、ライナー・ヴァール(「環境保護と憲法」立命館法学二三七号(一九九四)一八四頁)、ミヒアエル・クレプファー(「国家目標としての環境保護」阪大法学四六巻三号(一九九六)一八五頁)である。

(15) テロリズムに関連して、「安全のなかの自由」(テッティンガー)がいわれている。十分な理由があるが、「安全」とは「尊厳ある存在」としての人間の「安全」であるべきだとすると、基本的には「自由のなかの安全」こそが追求されるべきであろう。

(16) 一九世紀が「議会の世紀」、二〇世紀が「行政と司法の世紀」であったとすれば、二〇世紀末の「東欧革命」以来の国際社会の潮流は、二一世紀が「国民(民衆)の世紀」となる可能性があることを示している。

(ジュリスト一四二七号(二〇一一年))

Ⅳ　日本国憲法と環境保全

一　はじめに

環境保全は、現代国家の喫緊の課題のひとつである。それは、何よりも、科学技術の発展と工業化に伴う環境汚染によって生態系が損傷され、人類の生存基盤が破壊されるという危機に現代国家が直面していることによる。こうしたことから、一九七〇年代以後、多くの国で、環境保全を内容とする規定が憲法上定められ[1]、また、わが国でも、解釈により、憲法上の人権としての環境権と国の環境保全責務が広く認められ、最近では、憲法改正により環境保全を明文化すべきかどうかも論議されている[2]。

このように、環境保全は、今日のわが国においても喫緊の課題のひとつとなっているが、しかし、環境保全――とりわけわが国の環境保全――については、憲法学の観点からみて、いくつかの重要な問題が存在しているように思われる。本稿は、そうした問題の一端について、環境保全の範囲と規制対象の考察を通して検討することを目的とするものである。

二　わが国の環境保全に関する憲法学説と法制の特徴

わが国の環境保全に関する憲法学説と法制にみられる特徴のひとつは、環境保全の範囲と環境保全のための規制の対象について、学説と法制の間に重要な違いがみられることである。

1　憲法学説

まず、憲法学説についていえば、その特徴は、以下の点にある。①全体として、環境問題に対して必ずしも積極的に取組んでこなかったこと、[3]②積極的に取組んできた学説においては、(i)環境問題は基本的に人権としての環境権の観点から取扱われ、(ii)そこにいう環境権は「良好な環境を享有する権利」[4]、「良き環境を享受し、かつこれを支配する権利」[5]、「健康で快適な環境の回復・保全を求める権利」[6]等と定義され、定義自体としては、環境保全の範囲は広く解される余地をもっていること、(iii)しかし、環境保全の範囲ないし対象である「環境」の内容については、大気や水等の自然環境に限定して理解する立場と、[7]自然環境に加えて、公園や交通施設等の社会的環境をも含めて理解する立場の対立がみられるが、[8]全体としては、自然環境に限定して理解する立場が有力であること、(iv)社会的環境を含めて理解する立場も保全の範囲ないし対象は物的施設に限定していること、(v)したがって、学説においては、保全の範囲は基本的に自然環境と物的施設に限定して理解されており、それ故、保全のための規制が人間活動に及ぶ場合でも、規制の対象は、そうした自然環境や物的施設に負荷を及ぼす人間活動に原則として限定されていること、である。

2 環境保全法制

こうした学説との対比でみた場合、わが国の環境保全法制の特徴は、以下の点にある。①概して環境問題に積極的に対応してきたこと、②環境問題はほとんどもっぱら国等の環境保全の責務として扱われてきたこと、③学説と比べて、保全の範囲と規制対象が著しく拡大されていること、である。以下では、本稿の観点から特に問題と思われる③について、保全の範囲ないし対象である「環境」の概念の検討を通して考察することにする。

(1) 「環境」の概念

環境保全法制における保全の範囲ないし対象である「環境」の概念についてみられる特徴の第一は、「環境」の範囲が「その時代の社会的ニーズ」や「国民的認識の変化」にしたがって変動するものとされていることである。こうした考え方は、環境基本法制定にあたって、中央公害対策審議会によって一九九二年に作成された「環境基本法制のあり方について」と題する答申の中での次のような見解に示されている。

「環境基本法制が対象とすべきいわゆる環境の範囲については、今日の内外の環境問題の国民的認識を基礎とし、社会的ニーズに配慮しつつ、施策の対象として取り上げるべきものとすることが適当である。そもそも、環境は包括的な概念であって、また、環境施策の範囲は、その時代の社会的ニーズ、国民的認識の変化に伴い変遷していくものである。したがって、環境基本法制の立法に当たっては、その下で、これらの社会的ニーズ、国民的認識の変化に的確に対応し、健康で文化的な生活に不可欠な環境の保全のために必要な施策が講じられるようにすべきである」[9]。

（2）「生活環境」の概念

第二の特徴は、右のような基本的な考え方の下で、保全の対象としての「環境」の範囲が「生活環境」という言葉で表現されていること、そして、そうした「生活環境」の内容の拡大を通して、環境保全の範囲が著しく拡大されていることである。すなわち、「生活環境」という言葉は、公害対策基本法（二条）で登場し、環境基本法（二条）に継承されているが、公害対策基本法では、同法は健康を保護するとともに、「生活環境を保全すること」（一条）を目的とすると定めつつ、そこにいう「生活環境」は「人の生活に密接な関係のある財産並びに人の生活に密接な関係のある動植物及びその生育環境を含むもの」（二条二項）と定義され、「自然環境」のほか、「人の生活に密接な関係」のある「社会的環境」をも一定程度含むものとして使用され[10]、また、環境基本法でも同じ意味で使用されていた。しかし、その後、二一世紀に入り、「安全・安心社会」の形成を目指して制定された「生活環境条例」においては、「生活環境」は防犯・治安の観点のほか、道徳的観点からする環境整備をも含むものとして拡大して使用されるにいたっている。たとえば、二〇〇二年に制定された千代田区生活環境条例（正式には、「安全で快適な千代田区の生活環境の整備に関する条例」）は、「安全で快適な」まちづくりを目的として（一条）、「公共の場所の清浄保持」（九条）や「環境の美化及び浄化」（二〇条）をはかるとともに、「安全な環境の整備」という標題のもとに、区は防犯カメラの設置等の「防犯及び防災の観点から環境の改善」に努めるべきこと（七条）、さらには、「健全な環境の確保」という標題の下に、「何人も、善良な風俗を害し青少年に悪影響を及ぼす活動」を行ってはならないことを定めており（一四条）、このように、ここでは、「生活環境」は「安全な環境」や「健全な環境」をも含み、防犯・治安の観点のほか、道徳的観点からする環境整備をも含むものに拡大されて使用されるにいたっている。そして、重要なことは、このように「環境」の範囲が拡大される結果、環境保全のための規制の対象が、自然環境や社会的施設に負荷を及ぼす人間活動のみならず、治安的観点や道徳的観点からみて「有害」ないし「危険」とみなされる人間活動にまで拡大されていることであり、さらに、こうした傾向に、「環境は包括的概念」であり、「環境施策の範囲は、その時代の社会的ニーズ、国民的認識の変化に伴い変遷していく」という環境保全法制の基本的考え方の下で予防的思考が加わった場合には、環境保全のための規制の対象が、将来的には、治安的・道徳的観点からみて、社会にとって「有害」ないし「危険」とみなされる人間あるいは人間集団にまで拡大される可能性を秘めていることである。

(3)　環境保全法制と「安全」

第三の特徴は、環境保全法制の「環境」概念においては「安全」が重要な位置を占め、「安全」が環境法制の指導理念となりつつあることである。すなわち、憲法学説では、前述したように、保全の対象については、「良好な環境」あるいは「健康で快適な環境」の保全が目指されているが[11]、環境保全法制では、「健康で快適な環境」の保全とならんで、多くの場合、「安全な環境」の保全が目指されている。たとえば、一九六九年の東京都公害防止条例は、「都民の健康で安全かつ快適な生活を確保することを目的とする」（一条）こと、また、知事の責務として、知事は公害の防止に努めることにより、「良好な生活環境を保全し、もって都民の健康で安全かつ快適な生活を確保しなければならない」（二条）ことを定め、「良好な生活環境」の保全は「健康で安全かつ快適な生活」

を確保するための手段とする立場を示し、千代田区生活環境条例も、前述したように、「安全」を「生活環境」の一部を構成するものとして位置づけており、また、一九九一年の川崎市環境基本条例は、「市の環境政策は、市民が安全で健康かつ快適な環境を享受する権利の実現を図る」ことを目的とすると定め、「安全」が「環境」の構成要素であることを明示している。[12]

このように、近時におけるわが国の環境保全法制は、「安全な環境」の保全をも目指し、かつ、治安的・道徳的観点からする人間活動の規制をも規制の対象とする結果、今日では、一連の治安対策法制[13]や社会保障法制[14]と連動しつつ、公権力と市民が一体となって社会を防衛する危機（リスク）管理法制としての性格を一層強くもつにいたっている。[15][16]

三　現代における環境保全の特徴

以上みてきたように、今日のわが国の環境保全法制は、①「安全」が指導理念のひとつとなっていること、②保全の範囲が拡大され、規制の対象が治安的・道徳的観点からする人間活動にまで及びうるものとなっており、ひいては、社会にとって「有害」ないし「危険」とみなされる人間あるいは人間集団にまで拡大される可能性を秘めていること、③こうした内容の環境保全が官民一体となって遂行されることが要請されていること、という特徴をもつ。そして、注目されるのは、こうした特徴は、現代国家における環境保全にある程度共通してみられる特徴でもあることである。以下では、①と②について、ドイツの学説を手がかりに素描することにしたい。[17]

1　環境保全と「安全」

ベックは、一九八六年の著書の中で、近代化により自然破壊は致命的なまでに進行し、今や、人類は「空気中の有害物質を吸い、水中の有害物質を飲み、野菜その他の中の有害物質を食べて」生存するという、「リスク社会」が到来したことを告げる。[18] そして、ベックは、こうした「リスク社会」におけるリスクの特徴が、被害者には「どれだけ有害物質が蓄積しているか決して測定」することも「みること」も「感じることもでき」ず、また、その弊害も、「当人の存命中には全く気づかれず、子孫の代になってはじめて顕著となる場合もある」ことや、「その危険が現実に生じた場合、事後の処理が実際には不可能になるかもしれないほどの規模の破壊であるかもしれない」ことから、「リスク社会」では、「『不安』の価値体系」が現れ、「リスク社会」の目標は、「すべての人々が毒物の被害をうけなくてもすむべきだ」という「安全」となると主張する。[19]

シュタインベルクも、一九九八年の著書の中で、現代社会を「リスク社会」、また、現代を「不安の時代」と特徴づけ、現代における環境保全においては「安全」が指導理念となると説く。すなわち、彼は、伝統的な古いタイプのリスク（地震、火山の爆発、洪水等）から区別される「リスク社会」における新しいタイプのリスク（大型発電所や工場から発生する危険物質、化学添加物、食品汚染、遺伝子技術に随伴するリスク等）の特徴をそれが「有益な活動の意図されない結果」生産されるという点にみ、それ故、リスクの社会的生産は「産業社会の付随効果」であるから、近い将来、リスクが生産されなくなることは不可能であると主張する。つまり、シュタインベルクによれば、人類は、今後、「益々増大する住民、とりわけいわゆる第三世界における経済発展の必要性、近い将来における原料の消耗、そして、微生物による脅威による不断の挑戦を前にして、将来においても科学技術的革新に頼らざるをえない」が、「こうした科学技術的革新は、リスクを甘受することなしには不可能であ」り、それ故、「リスク社会は、たんに今日の世代のみならず、より一層大きな程度で将来世代の繁栄にとっての不可欠の前提条件」である。そして、シュタインベルクは、こうしたリスク生産は、「不安定と不安の感情」を不可避的に強めることになり、その結果、「市民の生命、身体、所有」という「法益保護のための活動への国家の責務は、広義の安全原則から生ずる」ことになると説く。[20]

このように、ベックもシュタインベルクも、現代の「リスク社会」は不可避的に「不安」を生み出し、その結果、「安全」が環境保全の指導理念となると主張するのである。

2　規制の対象

現代の「リスク社会」においては、環境保全のための規制の対象が社会にとって「有害」ないし「危険」とみなされる人間あるいは人間集団にまで拡大される可能性をもっという点については、たとえば、グリムは、「リスク社会」における環境保全は、「不安」を媒介にして、「素因的リスク」としての人間に対する予防的規制にまで拡大することを指摘している。すなわち、グリムによれば、現代の新しい技術、とくに、核・情報・遺伝子に関する技術の利用や新しい化学素材の使用の効果は、「時間的に遅滞し、空間的に隔たって発現する」と同時に、「人類を滅亡に導くような規模を獲得」し、のみならず、「こうした水準以下の場合も、その除去が問題とならないような深刻な被害をもたらす」。この結果、「安全」は、物質的福祉の維持に劣らず、国家の喫緊の任務となる。しかし、こうした任務の実現にあたって、国家は、「伝統的な危険防止のシステムに依拠することはできない」。というのも、「伝統的な危険防止システムは、原因者に帰責可能で、程度と範囲において限定されていて、安全措置によって克服可能であるような被害に関連づけられている」が、「新しい技術の下では、被害のすべての源と結果についての経験に基礎づけられた知識がない」結果、「被害を防止するための確実で効果を保障された義務づけをすることができ」ないからである。それ故、国家の任務は、「危険の防圧」から「リスク配慮」へと重点を移すことになるが、国家は不断に科学技術の革新に依存せざるをえない結果、「リスクの源自体を除去することはでき」ず、したがって、「リスクを最小化しよう」とし、こうして、国家は、規制の対象を「明白な危険」に限定せず、「素因的危険」にまで拡大することになる。[21] シュタインベルクの説明を借りていえば、「リスク社会」においては、国家の注意は益々、「事前の病的現象、事前の破壊的現象」に向けられ、この結果、国家の注意と関心は、「リスク要因」としての個人と個人に関する情報に向けられることになり、こうして、「物的リスク」のみならず、「人的リスク」も予防の対象となるのである。[22]

四　現代における環境保全の問題点

このように、「リスク社会」における環境保全は、「安全」を指導理念とし、予防的思考にもとづいて、規制の対象を「リスク要因」とみなされる人間や人間集団にまで拡大する傾向をもつのだとすると、こうした傾向は、憲法理論的にみてどのような問題をもつのであろうか。

1　指導理念としての「安全」の問題性

まず、現代における環境保全において、「安全」が指導理念となることは、憲法理論的にみて、次のような意味と効果をもちうる。

(1)　「安全」と自由

第一に、自由の縮減を生ぜしめることである。この点についてはしばしば指摘されているところであるが、たとえば、ムルスヴィークは、「人権の古典的宣言に含まれている『安全』の保障に対する国家の責務は、潜在的には基本法にも含まれている」とする立場にたって、「自由と安全の弁証法」が存在すると主張する。ムルスヴィークはいう。

「安全は、自由の犠牲にもとづいてのみ手に入れることができるし、自由は　安全の犠牲にもとづいてのみ手に入れることができる。国家がある人に他者の側からの侵害に対する保護を多く提供すればするほど、国家は他者の自由を益々多く制限せざるをえない。完全な安全は、ほぼ完全な不自由に帰するであろう。絶対的な安全を創出しようとするものは、私事への自由を全くの孤立へ縮減せざるをえないであろう。というのも、あらゆる社会的接触はリスクをもたらすからである(23)」。

こうした見方が正しいとした場合、「安全」（あるいは「安心」）への欲求が完全なあるいは絶対的な「安全」を求める傾向をもつことからすると、「安全」を指導理念とする環境保全は、環境保全のために限りなく個人の自由の縮減を生ぜしめることになるであろう。

(2) 「安全」と権威主義的政治体制

第二に、「安全」が指導理念となり、「安全な環境」を求めることは、社会に強い権威への要求を生み出し、権威主義的政治体制を生ぜしめる可能性が高いことである。前述したように、「リスク社会」は不可避的に「不安」を生み出すが、ベックによれば、こうした「不安」を既存のいかなる制度や組織も解消することができず、その結果、「不安」の解消は個々人に要求されることになる。[24]しかし、通常の個人はこうした「不安」に耐えることはできず、こうして、「安全」を提供してくれる救世主としての強い権威を求める社会心理が醸成されることになり、[25]権威主義的政治体制を創出する基盤が形成されることになる。

(3) 「安全」と技術官僚の支配

第三に、「リスク社会」における「安全」とは基本的に技術的リスクに対する「安全」を意味するが故に、「安全」が指導理念となることは、専門技術家が支配ないし優位する政治システムを生ぜしめる可能性があることである。それは、治安的リスクに対する安全が求められるときには警察権力が、軍事的リスクに対する安全が求められるときには軍事権力が支配ないし優位する政治システムが要請されるのと同じである。この点について、たとえば、クレプファーは、環境問題の解決という課題に適切に対応するため今日提示されている国家構想のひとつとして、「環境エリート」という専門技術家が支配する国家構想があることを指摘しており、[26]また、シュタインベルクも、「権威主義的技術官僚」の支配する国家が出現する可能性を指摘している。[27]

(4) 「安全」と民主政

第四に、「安全」が指導理念となる場合には、民主主義の存立が危殆に瀕する可能性があることである。というのは、前述したように、現代の「リスク社会」においては「完全な安全」を実現することが不可能であるから、「安全」を強調ないし重視すればするほど人々の間に「不安」の感情が醸成されることになるが、デニンガーが指摘するように、「不安からの自由」が「憲法秩序の諸制度」である「基本権、権力分立制、多元主義、自己決定の原理等」が前提とする「市民の基本的精神状態」であり、かつ、「生き生きとした民主主義の空気に属する」[28]のだとすると、「不安」の感情を醸成することは、民主主義が機能する条件を衰退させることになるからである。また、シュタインベルクも、「不安の欠如」こそが「合理的な熟慮のための前提条件」であり、したがってまた、「憲法に対して市民が積極的に関与するための前提条件」であると主張し[29]、ベックも、「安全」を指導理念とする「リスク社会」は、「リスクに対する防衛のためという『正当な』全体主義的傾向を持」ち、こうして、「リスク社会」は、「政治上の民主主義体制の存続を脅かす」ことになると警告する[30]。

このように、現代の「リスク社会」の下で「安全」を環境保全の指導理念とすることは、人々の間に強い不安感を醸成し、その結果、公権力は一層強い安全措置を講ずることが求められ、こうして、民主制の基盤をなす自由は縮減されるとともに、人々の合理的判断能力は低下し、安全を保障してくれると人々が信ずる権威が支配する権威主義的政治を招来する可能性をもつことになる。

2 規制対象の問題性――ナチス

次に、環境保全のための規制の対象が治安的道徳的観点から「リスク要因」とみなされる人間にまで拡大する傾向をもつことが憲法理論的にみて深刻な問題をもつことは明らかであるが、こうした問題性を極限的な形で示したのはナチスであった。

ナチスは、その人種主義理論により、「最優秀民族」であるゲルマン民族の「民族共同体」を維持・発展させるために、自然環境の保全をはかるとともに、国民の健康管理を徹底して遂行した。たとえば、ナチス政府は、一九三五年に、「今日の自然保護法の基盤をなす自然保護法の包括的な規定」(クレプファー)[31]を含むライヒ自然保護法を制定して自然環境の保全に努めるとともに、人間の遺伝質に害を及ぼす環境因子(放射線、アスベスト、亜鉛、カドミウム、水銀など)に関する研究を積極的に推進したほか、食べ物や飲み物の中の人工着色剤や防腐剤の悪影響について警告することにより、健康管理に力を注いだが[32]、注目されるのは、こうした健康管理政策が「人種浄化」へと拡大していったことである。この点について、プロクターは、ナチス国家を「排他的な健康ユートピアを実現するための壮大な実験」とみつつ、次のように述べている。「このユートピア構想は、ファシズムのよく知られた集団殺戮の側面と無縁ではない。ドイツの工場の空気と水からアスベストと鉛を除去しようというのと、ドイツ国家からユダヤ人を一掃しようというのは同じ発想だ。ナチス・イデオロギーは国家の環境浄化と人種浄化を結びつけたのである」。すなわち、ナチズムの人種理論は「マイナス」の優生学と「プラス」の優生学を区別していた。「マイナス」の優生学というのは「劣等な者」を――たとえば不妊手術によって――除去することであり、「プラス」の優生学というのは「優秀な種」の繁殖を促進することであった[33]。こうして、ナチスは、一九三三年の遺伝病子孫予防法（いわゆる断種法）により、「遺伝病者」（先天性精神薄弱者等）および重度のアルコール中毒者を断種によりこの世から抹殺するとともに、無能力者、なまけ者、犯罪者を「共同体異分子」として、社会から排除していったのである。[34] この点について、ナチス時代に共同体異分子法案に関して書かれた解説文では次のように述べられている。

「過去数十年間の経験の教えるところでは、犯罪行為はたえまなく劣等な血縁団体によって補充されている。こうした家系に属する者は……犯罪的性格を強化していく。こうした連中はそのほとんどが民族共同体に順応していこうとする意思をもたず、またその能力もない。彼らは民族共同体の理念とは無縁の生活を送り……彼らのほとんどは……共同体の役に立つことがない。つまり、共同体異分子なのである。かつて、公的な福祉を受けもつ組織の要求は、このような……共同体異分子（反社会的分子）を強制的に保持していくことにあった。しかし、今後にあって、有効な福祉の受益権は真に援助を必要としている貧困者、もしくは共同体への自発的な従属者にのみ認められる」。ワイマール共和国の時代の「政府は共同体異分子に対しては無能であった。」「彼らはその自由主義的思考からつねに個人の権利のみをみて、全体の利益よりも国家権力から個人の権利を守ることにより多くの関心を示したのである。国民社会主義にあって、問題となるのは共同体であって、個人ではない。」「国民社会主義によるかぎり、福祉は、貧しくともそれを受ける価値のある民族同胞にのみ与えられる。民族共同体に損害のみを与える共同体異分子に福祉は不要である」。[35]

こうして、ナチスは、「これまでの弱者保護というワイマール的な理念を逆転させ、病人・障害者・老人などの弱者と、他民族の積極的な排除」を遂行していくことになった。[36]

「民族共同体」の維持と発展のために行われた大量殺戮による「人種浄化」という「人的環境」の保全政策は、

いうまでもなく、ナチスの特殊な人種理論にもとづくものであった。しかし、同時に、こうしたナチスの政策が「現代文明とわれわれ人間が本性として隠し持っている弱さと残酷さ」にもとづくものだとすれば[37]、そしてまた、前述したわが国の今日の環境保全法制の動向からすれば、環境保全とよりモデレイトな形での人的環境保全の結合は、今後のわが国にとって全く無縁なことといいきることはできないであろう。

五　東日本大震災後の環境保全と憲法学

以上概観したように、現代における環境保全は、①環境保全はすべての国家が対処しなければならない最重要課題のひとつであること、②しかしながら、現代の「リスク社会」の下での環境保全は、「安全」を指導理念とする結果、リスクなき完全な「安全」を達成することが不可能であることから、社会に「不安」の感情をよび起し、強い権威への欲求を生み出す傾向があること、③「リスク社会」における環境保全は、予防原則あるいは事前配慮原則にもとづいて、人間自体をリスク要因として規制の対象とする傾向がある、という特徴をもつ。そして、こうした現代における環境保全の特徴は、前述したように、近時のわが国の環境法制にも一定程度みられるが、とりわけ、二〇一一年三月一一日の東日本大震災以来、わが国が広範囲にわたって低線量にせよ放射能汚染に曝されつづけている可能性があることや多数の原子力発電所が存在しつづける状態の下で巨大地震発生の脅威に不断に曝されていることから、「不安」の感情が潜在的にせよ国民の間にかなり強く存在していることは否定できず、したがって、国民の間に権威への強い欲求が形成されているものと推測される。だとすると、このような状況に対して、東日本大震災後のわが国の憲法学はどのように対応すべきが今日問われているといえる。そこで、最後に、この点について、若干の私見を述べて結びとしたい。

1　環境保全の指導理念と範囲

第一に、前述したわが国における環境保全法制の動向にかんがみれば、わが国における環境保全は、以下の点に留意して構成される必要があることである。

(1)「人間の尊厳」

環境保全は、人権保障の観点から構成される必要があること、とりわけ、「人間の尊厳」を指導理念とする必要があることである。「人間の尊厳」を環境保全の指導理念とすることは、後述するように、環境保全の範囲を自然環境に限定したとしても、ウイルスによる大気や水の汚染の場合には、規制の対象はウイルス保持者である人間自体にまで拡大されざるをえないことからすれば、重要なことである。こうした点からすれば、一九七二年の国連人間環境会議で採択された「人間環境宣言」で、「人は、尊厳と福祉を保つに足る環境で、自由、平等及び十分な生活水準を享受する基本的権利を有する」ことが「原則」として宣言されたこと、また、ドイツでの環境保全条項導入のための憲法改正の論議において、ナチスの経験を背景にして、当時の連邦首相ブラント(W. Brandt)が、一九七三年の連邦議会演説の中で、環境プログラムの実現を表明しつつ、「人は、人間の尊厳にふさわしい環境に対する基本的権利を有し、この権利には憲法上のランクが与えられるべきである」と述べたこと[38]、わが国の学説でも、たとえば、小林が「憲法の基本的人権の全体に盛られている人間尊重の精神――ボン基本法の言葉を借りるならば『人間の尊厳』を認める原理的な立脚点——そのものが、ここにいう環境権の土台をなしている」[39]と述べ、芦部が、公害の発生に伴って、「環境を保全し良好な環境の中で国民が人としての尊厳とそれに値する福祉を維持しつつ生活することができるよう、新しい人権として環境権が提唱されるに至った」としつつ、そうした環境権は、「人が人間としての尊厳を保ち健康で文化的に生存するうえで不可欠なもの」[40]と説いているのは注目される。

(2)「安全」

「安全」は、前述(**四1**)した理由から、環境保全の指導理念ないし根拠とされるべきではないことであり、また、前述したように、今日のわが国の環境法制は「安全」を指導理念とし、環境保全を「安全」の観念によって根拠づける傾向にあるが、日本国憲法の下では、環境保全は「安全」の観念によって根拠づけることはできないことである。たしかに、大石が指摘するように、「立憲主義国家において、国民の『安全』を確保することは、国家としての本来的な任務に属し、立憲国家の基本的な義務として位置づけられる」[41]こと、そして、日本国憲法も、他の憲法と同様に、「安全」をすべての国民に保障しようとしていることは否定できない。しかし、立憲主義の観点からすれば、包括的かつ多義的な観念である「安全」の観念[42]を根拠として、環境保全を含む国ないし公権力の包括的な責務と権限を根拠づけることは許されず[43]、国家の安全保障、生命・身体の安全、社会保障という「安全」を構成するそれぞれの分野ごとに、憲法の明示的な根拠と授権にもとづいて、それぞれの分野で形成された法理にしたがって、国あるいは公権力の責務と権限は根拠づけられなければならないであろう[44]。

(3) 環境保全の範囲

環境保全の範囲は自然環境に限定されるべきであること、したがって、規制が人間活動に及ぶ場合も、該規制は自然環境に負荷を及ぼす人間活動に原則として限定されるべきであり、とりわけ、「安全な環境」や「健全な環境」の保全という観点から、治安的・道徳的観点からする人間活動にまで規制は及ぼされるべきではないことである。こうしたことからすると、わが国の環境保全法制が環境保全の範囲としている「生活環境」という言葉は、それが「時代の社会的ニーズ」や「国民的認識の変化」に対応して拡大しうる内容をもったものとされていることからしても、少なくとも環境保全の範囲を画定する言葉としては妥当ではないというべきであろう。

以上の点からすれば、わが国においても、ドイツ基本法にならって、保全の対象を自然環境に限定し、そうした環境の保全を「人間の尊厳」を基本原理とする「憲法秩序の枠内」で実現すべきことを憲法上明確に定め、(45) そのことにより、環境保全法制に指針を与え、かつ国の環境保全の責務と権限に限界を設定することは、今日のわが国の状況に照らした場合、極めて大切なことであるように思われる。(46)

2 環境保全とリスク

第二に、わが国が目指すべき環境保全は、一定程度のリスクを許容したものであるべきだということである。このことは、「リスク社会」においてはリスクなき絶対的な安全は不可能であるということもさることながら、それ以上に、「人間の尊厳」原理が精神的自由や私生活上の自由の保障を絶対的に要求するものである以上、(47)

「人間の尊厳にふさわしい環境」は、自然環境に関しても――もとより、どの程度のリスクが許容されるべきかは個別具体的に判断されるほかないとしても[48]――一定程度のリスクを許容したものであるべきことになろう。[49]

3　民主政治存立の条件

第三に、「不安」が権威主義的政治を招来するとすれば、民主主義政治を維持するためには、可能な限り自然環境に対する「リスク」を最小限にすることが求められることである。したがって、巨大地震の可能性が不断にある日本においては、原子力発電に依存するエネルギー政策からの転換等の防災・減災政策が迅速かつ精力的に推進されることが要求されるが、前述したように、リスクは不断に再生産されること、巨大地震の発生を防ぐことはできないこと、防災・減災措置にも限界があることからすれば、わが国において民主政治と自由な社会を今後維持できるかどうかは、最終的には、「不安」にも耐えうる「強い個人」と「強い社会」を創出することができるかどうかにかかっているように思われる。

（1）一九七〇年代以後の環境保全条項の憲法への採用の動向については、さしあたり、青柳幸一・個人の尊重と人間の尊厳（尚学社・一九九六）一六九頁以下、岩間・戦後憲法学の諸相（尚学社・二〇〇八）六一－六二頁。

（2）わが国における環境保全をめぐる憲法改正論議の動向については、塩田智明「衆議院憲法調査会における『環境』に関する議論」ジュリスト一三二五号（二〇〇六）七四頁以下、岩間「日本国憲法と非常事態・環境保全」ジュリスト一四二七号（二〇一一）一九－二〇頁【本書二三三頁以下所収】。

（3）日本国憲法下の憲法学説が環境問題に積極的に取組んでこなかったことの理由は、ひとつには、日本国憲法を構成している自由国家的要素と社会国家的要素のうち、環境問題は社会国家的要素に親和的であり、他方、憲法学説は概して自由国家的要素を重視して日本国憲法を解釈してきたことにあるように思われる。

(4) 樋口陽一＝中村睦男＝佐藤幸治＝浦部法穂・注釈日本国憲法(上)(青林書院・一九八四)五九〇頁〔中村執筆〕。

(5) 松本昌悦「環境権」ジュリスト六〇六号(一九七六)三六頁。

(6) 小林直樹・憲法講義(上)〔新版〕(東京大学出版会・一九八〇)五五九頁。

(7) たとえば、中村は、「自然界の循環作用を保全しようとするところに環境権の本来的な意味がある」こと、および「環境権は、生活の便利さを求める社会的環境の整備を限界づけ、自然との調和がとれた生活を追求するものである」ことから、環境保全の対象に社会的環境を含めることに消極的立場をとる(樋口ほか・注(4)五九〇頁〔中村執筆〕、中村睦男＝永井憲一・生存権・教育を受ける権利(法律文化社・一九八九)一四〇－一四一頁)。また、阿部も、「環境権が人間の生物としての生存を中核として構成されている」ことから、社会的環境を含めることに消極的である(芦部信喜編・憲法Ⅱ 人権(1)(有斐閣・一九七八)一八九頁〔阿部照哉執筆〕)。このほか、小林直樹・現代基本権の展開(岩波書店・一九七六)二七八頁、芦部信喜(高橋和之補訂)・憲法〔第五版〕(岩波書店・二〇一一)二六三頁、伊藤正己・憲法〔第三版〕(弘文堂・一九九五)三八五頁、渋谷秀樹・憲法〔第二版〕(有斐閣・二〇一三)二九〇頁も消極説の立場にたつ。

(8) たとえば、松本は、環境権を「人間が健康な生活を維持し、快適な生活を求めるための権利」と理解しつつ、「健康で快適な生活環境の内容を満たすためには、社会的(人工的)環境をドロップできない」として、「道路、公園、教育施設、衛生施設などの社会的環境」を含めて「環境」を把握すべきだと説く(松本・注(5)三六頁、奥平康弘＝杉原泰雄編・憲法学3(有斐閣・一九七七)七七頁以下。なお、大阪弁護士会環境権研究会「環境権確立のための提言」ジュリスト四七九号(一九七一)七一－七二頁は、環境権を「良き環境を享受し、かつこれを支配しうる権利」と定義し、「良き環境」とは、「快適で文化的な生活」という条件を満たすもので、自然環境のみならず、教育施設や下水道等の社会的諸施設も社会的環境として環境権の対象となるとする。ちなみに、民法学者の淡路は、大阪弁護士会の右の主張を「自然環境の保護からよりよい人間環境・生活環境づくりへという方向性を明確に示している」ものとして積極的に評価する(淡路剛久・環境権の法理と裁判(有斐閣・一九八〇)二九頁)。

(9) 環境庁企画調整局企画調整課編・環境基本法の解説(ぎょうせい・一九九四)一一九頁。なお、同書では、本文で紹介した基本的立場にたちつつ、環境基本法制定の時点における「環境の保全」の考え方は、「大気等の環境の自然的構成要素及びそれらにより構成されるシステムに着目し、その保護及び整備を図ることによって、これを人にとって良好な状態に保持することを中心的な内容とするものである」と述べられている(同一一九頁)。

(10) ちなみに、岩田幸基編・公害対策基本法の解説〔新訂〕(新日本法規・一九七一)は、公害対策基本法二条二項にいう「『生活環境』の内容は、常識的な意味で理解される生活環境のほかに、人の生活に密接な関係のある財産および人の生活に密接な関係のある動植物とその生育環境を含んだものであることを明らかにしたものである」(一四二頁)と説明し、「生活環境」は内容が不明確な「常識的な意味で理解される生活環境」を含むものとして理解されている。

(11) もっとも、行政法学説では、「都市計画学では、環境保全の目標を、安全、健康、利便、快適とする考え方が一般的である。そのうち、安全・健康については、異論がなかろう。環境政策の最大の力点が、今後も住民の健康・安全の維持におかれるべきことは当然であ」ると説く見解(畠山武道「新しい環境概念と法」ジュリスト一〇一五号(一九九三)一〇七頁)や、日本国憲法の下で国の基本権保護義務を原理として承認しつつ、「国はできる限り安全な環境を確保すべく義務付けられる」と主張する見解(桑原勇進「環境と安全」公法研究六九号(二〇〇七)一七八頁)もみられる。

(12) 一九九四年の東京都環境基本条例も、「現在及び将来の都民が健康で安全かつ快適な生活を営む上で必要とする良好な環境を確保することを目的とする」(一条)と定め、「良好な環境」の確保を「健康で安全かつ快適な生活」のための手段として位置づけている。

(13) たとえば、犯罪の防止により、「安全安心まちづくりを推進し、もって安全で安心して暮らすことができる社会の実現を図ることを目的」(一条)とする東京都安全安心まちづくり条例(二〇〇三)や、「暴走族」を「追放」することにより、「市民生活の安全と安心が確保される地域社会の実現を図ることを目的」とする広島市暴走族追放条例(二〇〇二)、「暴力団」を「排除」することにより、「都民の安全で平穏な生活を確保」することを目的(一条)とする東京都暴力団排除条例(二〇一一)など。

(14) 一九九五年の社会保障制度審議会の勧告を受けて、社会保障の理念は、「健康で文化的な最低限度の生活」の保障から「健やかで安心できる生活」の保障へと変容したとされている(加藤智章＝菊池馨実＝倉田聡＝前田雅子・社会保障法〔第四版〕(有斐閣・二〇〇九）七頁）。

（15） 公権力と市民とが一体となって環境保全を遂行することが責務とされていることについては、公害対策基本法三条－六条、環境基本法六条－九条参照。

（16） もともと非常事態法制と環境保全法制とは危機管理法制として密接な関係にある。たとえば、原子力発電所の事故による放射能汚染に対する除染は非常事態措置であると同時に環境保全措置としての性質をもち、環境保全の観点からする原子力発電所の廃止ないし設置の禁止は非常事態の予防措置にほかならない。

（17） 環境保全は官民一体となって遂行されるべきだという「協働原則」について、クレプファーは、「環境保全は、国家と市民の協働の下でのみ行われうる」と述べている。すなわち、「国家による環境保全は、個々の市民及び社会グループの参加に依存しつづけるということは注意されるべきである。利害関係者の意思に抗しての実効的な環境保全は、抑圧的手段を使用してのみ可能である。こうしたことは、むしろ、自由の制限を、場合によっては、国家権力の強化された投入を、そして、そのことにより、実現の政治的・心理的な障害をもたらすであろう」(M. Kloepfer, Umweltschutz und Recht (2000) S. 13) と述べつつ、「リスク社会」における環境問題に適切に対応することができる国家構想として、「環境保全にさいして国家と社会の協働、とりわけ、環境政策的意思形成及び決定過程への社会的勢力の参加に核心」をもつ「協働的環境国家」構想があることを指摘している（*ibid.*, S. 39)。

（18） ウルリヒ・ベック（東廉＝伊藤美登里訳）・危険社会（法政大学出版局・一九九八）三四頁、八五頁。なお、同訳書では、Risikogesellshaft は「危険社会」と訳されているが、ここでは、一般の訳語にならって、「リスク社会」と訳す。

（19） ベック・注（18）三四－三五頁、四七頁、七五頁。

（20） R. Steinberg, Der ökologische Verfassungsstaat (1998) S. 24 f., 42.

（21） D. Grimm, Zukunft der Verfassung (1991) S. 417 ff.

（22） R. Steinberg, a.a.O., S. 379 f.

（23） D. Murswiek, Die staatliche Verantwortung für die Risiken der Technik (1985) S. 139.

（24） ベック・注（18）一二二頁。

（25）ある社会心理学者は、ナチスの台頭に関連して、次のように述べている。「国民は不安においつめられると、精神的な安定をとりもどそうとする。この精神的安定を獲得するうえで、もっともたやすく、またもっともふつうの方法は、ある指導者を探し求め、彼と一体化して、個人の悩みを彼に託すこと」である（H・キャントリル〔南博＝石川弘義＝滝沢正樹訳〕・社会運動の心理学（岩波書店・一九五九）三三七頁）。

（26）M. Kloepfer, a.a.O., S. 34 f.

（27）R. Steinberg, a.a.O., S. 445 f.

（28）E. Denninger, Verfassungstreue und Schutz der Verfassung, VVDStRL Heft 37 (1979) S. 28.

（29）R. Steinberg, a.a.O., S. 451.

（30）ベック・注（18）一一七頁。

（31）ミカエル・クレプファー（清野幾久子訳）「ドイツ環境法の歴史」札幌法学二〇巻一＝二号（二〇〇九）一二三頁。なお、ナチス的自然環境保護政策については、北山雅昭「ドイツにおける自然保護・景観育成の歴史的発展過程と法」比較法学二三巻二号（一九九〇）二五頁以下、西村貴裕「ナチス・ドイツの動物保護法と自然保護法」人間環境論集五巻（二〇〇六）五五頁以下参照。

（32）米本昌平・遺伝管理社会（弘文堂・一九八九）一三七頁。

（33）ロバート・N・プロクター（宮崎尊訳）・健康帝国ナチス（草思社・二〇〇三）一八五頁。

（34）プロクター・注（33）一七頁。米本・注（32）一二三頁。

（35）M・バーリー＝W・ヴィッパーマン（柴田敬二訳）・人種主義国家ドイツ（刀水書房・二〇〇一）一三九－四〇頁。

（36）米本・注（32）一四九頁

（37）米本・注（32）二八頁。

（38）Verhandlungen des Deutschen Bundestages, Stenographische Berichte, 7. Wahlperiode (1973) S. 127; vgl. M. Kloepfer, a.a.O., S. 129. なお、ドイツにおける「人間の尊厳」条項（基本法一条一項）と環境保全の関係に関する学説上の論議については、青柳・注（1）一八七頁以下、押久保倫夫「環境保護と『人間の尊厳』」ドイツ憲法判例研究会編・未来志向の憲法学（信山社・二〇〇一）一五三頁以下参照。また、ドイツの「人間の尊厳」条項に関するわが国における研究としては、田口精一・基本権の理論（信山社・一九九六）一頁以下、青柳幸一・憲法における人間の尊厳（尚学社・二〇〇九）二六二頁以下、玉蟲由樹・人間の尊厳保障の法理（尚学社・二〇一三）がある。

（39）小林直樹「憲法と環境権」ジュリスト四九二号（一九七一）一二五頁。

（40）芦部信喜・憲法学Ⅱ（有斐閣・一九九四）三六一頁以下。

（41）大石眞「『安全』をめぐる憲法理論上の諸問題」公法研究六九号（二〇〇七）三九頁。

（42）「安全」の観念が様々な意味をもつことについては、大石・注（41）二四頁以下。

（43）デニンガーは、「安全はもはや個人に保障された自由の確立ではなく、市民を社会的危険、技術的危険、環境的危険又は犯罪の危険から保護するための原理的に無制限で終りのない国家活動を是認することを意味する」と主張する（E. Denninger, Menschenrechte und Grundgesetz (1994) S. 48. 参照、西浦公「『安全』に関する憲法学的一考察」栗城壽夫先生古稀記念・日独憲法学の創造力下巻（信山社・二〇〇三）九二頁。

（44）大石は、「安全」には「個人の安全」と「公共の安全と秩序」という意味での「秩序としての安全」があるとし、日本国憲法は、「個人の安全」のうち、「法的安全」は憲法三一条、「物理的安全」は憲法一三条、三三条、「社会・経済的安全」は憲法二五条によって根拠づけられているとしつつ、「秩序としての安全」は、「憲法一三条その他の『公共の福祉』に対応する利益と考えることもできるが、むしろ、立憲的秩序の『公理』に属するものとして、不文憲法上の規範として構成することも可能であろう」（注（41）四〇頁）と主張する。たしかに、「秩序としての安全」は「立憲的秩序の『公理』に属する」のだとしても（たとえば、シュミットも、「法秩序」〔Rechtsordnung〕は「秩序」〔Ordnung〕＝「正常な事態」を前提とすると主張する〔C. Schmitt, Politische Theologie. 2. Ausgabe (1934) S. 19-20〕）、そのことから、「秩序としての安全」を「不文憲法上の規範」と解することは妥当ではない。もとより、大石がそのように主張しているわけではないが、仮に「秩序としての安全」の中に「良好な環境」が含まれているとしても、そのことから環境保全に対する公権力の責務と権限が不文の憲法規範として認められるべきではなく、成文憲法主義を原則とする日本国憲法の下においては、成文憲法上の独自の根拠が必要であろう。

(45)一九九四年の憲法改正により基本法に採用された環境保全条項(二〇a条)は、「国は、将来の世代に対する責任を果たすために も、憲法秩序の枠内において、立法を通して、また、法律および法の基準にしたがって執行権および裁判を通して、自然的生活基盤 を保全する」と定める。なお、同条については、さしあたり、岡田俊幸「ドイツ憲法における『環境保護の国家目標規定(基本法二〇 a条)』の制定過程」ドイツ憲法判例研究会編・注(38)二二三頁以下、岩間・注(1)四五頁以下。

(46)こうした点からすると、大塚直「憲法における環境規定のあり方」ジュリスト一三二五号(二〇〇六)一一四頁が環境保全の対 象を「自然的生活基盤」とし、また、大塚を中心とするワーキング・グループの憲法の環境規定案(同一二四頁)も環境保全の対象を 同様に「自然的生活基盤」としているのは注目される。

(47)ヨンパルトはいう。「人間の尊厳を尊重するということは……生物学的な意味の生命を尊重することだけではな」く、「人間とそ の自由、生命、名誉等を不当に取り扱わないという意味である」(ホセ・ヨンパルト・人間の尊厳と国家の権力(成文堂・一九九〇) 六六頁)。なお、ドイツ基本法第一条にいう「人間の尊厳」が「道徳的な自己決定、個人的な事柄について自ら処理する権利の尊重、 私的かつ内密な領域の尊重、非人間的な困窮にさらされてはならないこと」等を内容とすることについては、西岡祝「ボン基本法と 人間の尊厳の保障(二)」福岡大学法学論叢三九巻二号(一九九五)二六六頁参照。

(48)小山剛「自由と安全」警察学論集五八巻六号(二〇〇五)八五頁は、環境保全の分野でのリスク規制と自由の関係について、「法 治国家のラチオの全面的な復権、すなわち、具体的で現実的な危険についてのみ、また、その除去に必要不可欠な限度においてのみ 国家の介入を認める、それ以外の場合には国家の権限も責任も否定するという考え方」も、「個人の自由を手放すことを代償に、わず かなリスクについても国家の対処を求めるという考え方」のいずれも妥当な選択肢ではないとしつつ、「自由と安全、あるいは国家 からの自由と国家による自由を、抽象的な優劣によってではなく、具体的なレベルで考え続けなければならない」とする。

(49)このことは、社会的環境についてもいえることであり、人々に不安感や不快感を与える「異質物や異端」や「特異な服装」等も、 「人間の尊厳」を認める以上、一定限度で許容されなければならない。

(高橋和之先生古稀記念『現代立憲主義の諸相(下巻)』有斐閣・二〇一三年)

V　憲法九条についての若干の考察

はじめに

憲法九条をめぐっては、憲法制定以来、わが国の安全保障のあり方と関連して、活発に議論されてきた。そして、近時では、二〇一四年の閣議決定による集団的自衛権の限定的容認とそれにもとづく安全保障関連法の制定に関連して議論が展開されている。近時の議論においては、集団的自衛権の行使を認める必要があるのかどうか、必要があるとした場合、解釈の変更によって集団的自衛権の行使を認めることは許されるのか、また、憲法九条は改正されるべきか等を中心に多岐の論点にわたって論じられていることは周知のとおりである。しかし、本稿は、こうした論点について論ずることを目的とするのではなく、これまでの憲法九条をめぐる議論の前提となっている問題、すなわち憲法九条という憲法規定の法的性質をどのようにみるのが妥当かという、これまで論じられることが少なかった問題について、若干検討しようとするものである。

一

憲法九条の法的性質については、大別すると、通常の憲法規定とみる立場、政治的宣言を定めた規定とみる立場、国家の目標を定めた規定とみる立場がみられる。以下、順を追って検討する。

1 通説、判例および政府解釈は、裁判規範性を強く認めるか弱く認めるかの相違はあるが、憲法九条を基本的に他の通常の憲法規定と同じ性質をもった規定とみてきた。すなわち、日本国憲法のもとでの通常の憲法規定は、少なくとも次の二つの性質を共通してもつ。第一に、一定の内容をもった法規範を定めており、そうした法規範に反する法律等は無効となるという最高法規としての性質であり、第二に、憲法規定の解釈には限界があり、限界を超えるような場合には憲法改正の方法によらなければならないという性質である。これら二つの性質は、日本国憲法が採用する成文憲法主義（憲法規範を原則として成文憲法典の中に明文をもって定めるとする主義）と、すべての公権力をそうした憲法規範に服せしめることを基本的な狙いとする立憲主義、および公権力による安易な憲法規範の変更を防ぐために慎重な改正手続を定め、とりわけ国民主権主義にもとづいて憲法規範の変更の最終的決定権を国民に委ねた憲法九六条所定の憲法改正手続の趣旨に照らして、日本国憲法が定める通常の憲法規定がもつ基本的な性質とみることができる。そして、通説、判例および政府解釈は、憲法九条をそうした性質をもった規定とみてきた。

ところで、こうした立場のもとでは、憲法制定時に示された憲法規範の内容（解釈）と現実との間に懸隔ないしずれが生じた場合、そうした懸隔に対する対応の仕方として、三つの立場がありうる。第一は、憲法制定時に示された憲法規範の内容を正しいものとして堅持し、現実を変えようとする立場であり、第二は、解釈により憲法規範の内容を変更することによって対処しようとする立場である。そして、第三は、憲法改正により憲法規範の内容を変更することによって対処しようとする立場である。

2　最初に、憲法制定時に示された憲法規範の内容を正しいものとして堅持する立場について検討する場合、まず憲法九条はどのような内容の憲法規範を定めたものとして制定されたのかが問題となる。しかし、この点については、これまで多々論じられているので、ここでは、本稿の目的との関連で重要と思われる点について、結論的に述べることにする。

(1)　憲法草案を審議した第九〇回帝国議会での政府の説明によれば、憲法九条は、以下のような内容をもつものとして制定された。第一に、憲法九条は、通常の憲法規定と理解されたうえで、一切の戦争を放棄し、一切の軍事力（軍備）の保持を禁止した規定と説明されたことである。すなわち、政府は、国家の実力組織を警察力と軍事力に二分し、九条二項にいう「戦力」を一切の軍事力と解しつつ、憲法は自衛権を否定しておらず、それ故憲法九条一項は自衛戦争を放棄してはいないが、二項で一切の軍事力の保持を認めない結果、自衛戦争も放棄したと説明した。(2) こうした説明に示されているように、憲法九条が定めた平和主義の核心は、一切の軍事力の保持を禁止した点にあったのであり、そうした意味で、日本国憲法は、「世界史上画期的」(3) な平和憲法と称されたのである。第二に、憲法九条がこうした非武装規定として制定された基礎には、次のような決意と前提条件があったことである。すなわち、①一般に指摘されているように、戦後の再建にあたって、憲法九条はわが国の侵略戦争とそれによってもたらされた惨禍にかんがみ、今後わが国は平和国家として世界平和の実現のために先頭にたって尽力するという決意と覚悟にもとづいて制定された、ということである。こうした決意と覚悟は、帝国議会での吉田首相による次のような憲法九条の提案理由の説明に示されている。

「改正案は特に一章を設け、戦争放棄を規定致して居ります。即ち国の主権の発動たる戦争と武力に依る威嚇又は武力の行使は、他国との間の紛争解決の手段としては永久に之を放棄するものとし、進んで陸海空軍其の他の戦力の保持及び国の交戦権をも之を認めざることに致して居るのであります。是は改正案に於ける大なる眼目をなすものであります。――斯くして日本国は永久に平和を念願して、其の将来の安全と生存を挙げて平和を愛する世界諸国民の公正と信義に委ねんとするものであります。此の高き理想を以て、平和愛好国の先頭に立ち、正義の大道を踏み進んで行こうと云う固き決意を此の国の根本法に明示せんとするものであります。(4)」

吉田首相によって示されたこうした決意と覚悟は、世界に向かって表明されたわが国の道義と誓約を意味した(5)と同時に、その後の国民による支持を通して、再建日本の最も貴重な精神的支柱を形成することになった。そして、憲法制定者は、こうした決意と覚悟にもとづいて、国民の生存と国家の存立にかかわる勝義の非常事態である戦争事態にさいしても、軍事力の保持と行使を全面的に禁止するという、「比類のない徹底した戦争否定の態度(6)」を憲法典に明文化したのであった。

②次に、非武装規定としての憲法九条は、国際連合の集団安全保障体制の確立を前提条件としていたことである。この点について、吉田首相は、帝国議会で次のように述べている。

「日本が独立を回復した場合に、日本の独立なるものを完全な状態に復せしめた場合に於て、武力なくして侵略国に向って如何に之を日本自ら自己国家を防衛するか、此の御質問は洵に御尤もでありますが、併しながら国際平和団体が樹立せられて、そうして樹立後に於ては、所謂U・N・O（国際連合――筆者）の目的が達せられた場合には、U・N・O加盟国は国際連合憲章の規定の第四十三条に依りますれば、兵力を提供する義務を持ち、U・N・O自身が兵力をもって侵略国に対しては世界を挙げて此の侵略国を圧伏する抑圧すると云うことになって居ります。」「兎に角国際平和を維持する目的を以て樹立せられたU・N・Oとしては、其の憲法とも云うべき条章に於て、斯くの如く特別の兵力を持ち、特に其の団体が特殊の兵力を持ち、世界の平和を妨害する者、或は世界の平和を脅かす国に対しては制裁を加えることになって居ります。此の憲章により、又国際連合に日本が独立国として加入致しました場合に於ては、一応此の憲章に依って保護せられるもの、斯う私は解釈して居ります[7]」

このように、非武装規定としての憲法九条は国連の集団安全保障体制の確立を前提条件としていたのであるが[8]、このことは、国連の集団安全保障体制が十分に機能しないような場合には、憲法九条が法的拘束力をもった通常の憲法規定として通用することは困難になることを意味していた。

(2)　通説は、憲法制定者が定めたこうした非武装規定としての憲法九条を正しいものとして支持し、こうした立場から自衛隊を違憲としてきた[9]。このような立場は、憲法九条の法文と憲法制定者によって示された説明に忠実であるのみならず、憲法九条によって表明された道義と決意および再建日本の精神的支柱としての意義を尊重したものであり、こうしたことから、今日でも学説上広く支持されている。しかし、他方で、この立場は、今日の不透明かつ不安定な国際情勢と、とりわけ憲法九条が前提条件としていた国連の集団安全保障体制が十分に機能していないという国際社会の現実に照らして、少なくとも国民の生存と国家の存立を守るという責務を課せられた公権力にとって妥当なものといえるのか疑問である。のみならず、前提条件が存在していないにもかかわらず、非武装規定としての憲法九条を法的拘束力をもった通常の憲法規定として通用させようとすることは、法解釈の目的が「社会に妥当する客観的な合目的的解釈」[10]の追求にあるとすれば、解釈学説としても今日なお妥当性をもちうるのかという批判を免れることはできないであろう。

3 次に、解釈により憲法規範の内容を変更することによって対処しようとする立場について検討する。こうした立場は、学説上では一九八〇年代以後有力となりつつあるようであるが、政府の対応に典型的にみられるので、ここでは政府の対応を中心に検討することにしたい。

周知のように、政府は、憲法制定以来今日にいたるまで、憲法九条を通常の憲法規定とみつつ、解釈の変更によって事態に対処してきたが、こうした政府の対応の仕方にみられる最大の特徴は、そうした対応が便宜主義ともいえる立場にもとづいていたことである。こうした便宜主義的対応は、以下の二つ場合にみることができる。

(1) ひとつは、一九五〇年代に自衛隊を合憲としたさいの政府の対応にみられる。すなわち、前述したように、政府は、憲法制定にあたっては、憲法九条を非武装を定めた規定と説明した。そして、こうした立場は、一九四九年の吉田首相による「武力によらざる自衛権の行使」という主張[11]にみられるように、しばらくの間は維持された。しかし、その後、一九五四年に自衛隊法が制定され、保安隊が自衛隊に改組されたさい、政府は、憲法九条は「自衛のため必要最小限度」の軍事力の保持と行使を禁止していないとする、憲法九条の規範内容を根本的に変える解釈の変更を行い、自衛隊は憲法九条に反しないとした。こうした解釈は、一九五四年一二月二三日の林内閣法制局長官の答弁をはじめとして[12]、政府答弁で度々主張されたが、一九八〇年三月五日の政府の答弁書で次のように整理されて示された[13]。

「㈠　憲法九条一項は、独立国家に固有の自衛権までも否定する趣旨のものではなく、自衛のための必要最小限度の武力を行使することは認められているところであると解している。政府としては、このような見解を従来から一貫して採ってきているところである。

㈡　憲法九条二項の『前項の目的を達するため』という言葉は、同条一項全体の趣旨、すなわち、同項では国際紛争を解決する手段としての戦争、武力による威嚇、武力の行使を放棄しているが、自衛権は否定されておらず、自衛のための必要最小限度の武力の行使は認められているということを受けていると解している。したがって、同条二項は『戦力』の保持を禁止しているが、このことは、自衛のための必要最小限度の実力を保持することまで禁止する趣旨のものではなく、これを超える実力を保持することを禁止する趣旨のものであると解している。

㈢　自衛隊は、わが国を防衛するための必要最小限度の実力組織であるから、憲法に違反するものでないことはいうまでもない。」

ところで、以上のような政府の対応は、二つの点で問題をもっていた。①ひとつは、憲法改正によらなければ許されないと考えられていた事柄を解釈の変更によって行ったことである。すなわち、軍隊とは「外敵の攻撃に対して実力をもって抵抗し、国土を防衛することを目的として設けられた人的物的組織体」[14]であるとすれば、「我が国の平和と独立を守り、国の安全を保つため、直接侵略及び間接侵略に対し我が国を防衛することを主たる任務」（自衛隊法三条一項）とし、それに応じた装備と編成を備えた自衛隊はまぎれもなく軍隊であり、こうしたことから、学説はもとより、政府も自衛隊の創設を憲法の解釈によって正当化することは解釈の限界を超えるから許されず、憲法改正を要すると考えていた[15]。それにもかかわらず、政府は、憲法改正によることもなく、また、他の対応の仕方を選択することもなく[16]、解釈の変更によって自衛隊を合憲とする途を選択した。このことは、憲法九条を通常の憲法規定とみるかぎり、立憲主義、成文憲法主義および憲法改正規定の趣旨に明らかに反するものであった。しかも、このことに劣らず重要なことは、わが国の精神的支柱ともいうべき憲法九条の根本的な変更ですら解釈の変更によって可能となることが示されたことは、憲法九条のこれ以後の規範内容の重要な変更も、また、他の憲法規範の重要な変更も解釈の変更によって可能となるという考え方を生ぜしめ、実際その後のそうした運用に途を開いたことである。

②しかし、五〇年代の政府の対応にみられたより深刻な問題は、こうした解釈による対応が便法として行われたことであった。すなわち、こうした解釈による対応が、道義的意義等を考慮して憲法九条という規定自体を維持するためのやむをえない措置として行われたわけでもなく、また、立憲主義のもとで許される弾力的な解釈方法を採用することによって行われたわけでもなく[17]、もっぱら憲法改正が困難となったことの結果として[18]、いわば便法として行われたことである。かりに自衛隊の創設が必要だとしても、それにどのように対応するか

は、日本国憲法下の憲法政治のあり方を左右する事柄であったが、右にみたように、政府と国会は、わが国の精神的支柱を形成してきた憲法九条の規範内容の根本的な変更を便法としての解釈によって行ったのであり、こうした対応は、その後のわが国の憲法政治のあり方に決定的な影響を及ぼすことになったことは否定できない。

(2) 便宜主義にもとづく対応のもうひとつの例は、右に紹介した五〇年代の解釈の変更後の対応にみることができる。すなわち、前述した一九八〇年の政府の統一見解によれば、憲法九条は「自衛のため必要最小限度」の軍事力の保持と行使を認めていることになるが、そこにいう「必要最小限度」は、政府の統一見解によれば、「その時々の国際情勢、軍事技術の水準その他の諸条件により変わりうる相対的」なものとされていた。つまり、「必要最小限度」とは、その内容を予め一般的な形で定めることができる「客観的基準」とはなりえないということである。[20] のみならず、憲法九条が戦争事態という勝義の非常事態にさいしての手段に関する規定であることをも考慮すると、何が「自衛のため必要最小限度」の軍事力の保持と行使かは基本的にはその時々の状況のもとで立法等を通して政治過程で決せられるべき事項とみるのが妥当であろう。[21] そうだとすると、五〇年代の解釈変更後は、何が「自衛のため必要最小限度」かについては、時々の状況のもとで、政治過程での慎重な検討を通して個別具体的に判断するという対応がとられるべきであった。にもかかわらず、政府は、便宜主義にもとづいて、「必要最小限度」を「客観的基準」とし、そうした観点から基準の内容を予め一般的な形で提示し、それを解釈の限界とするという立場をとった。こうした例は、以下の二つの事例にみられる。①ひとつは、一九七二年の政府の統一見解(いわゆる七二年見解)である。すなわち、そこでは、「平和主義を基本原則とする憲法」のもとで許される「必要最小限度」の武力の行使は「わが国に対する急迫、不正の侵害に対処する場合」、すなわち、個別的自衛権の行使に限られ、「他国に加えられた武力攻撃を阻止することをその内容とするいわゆる集団的自衛権の行使」は憲法上許されず、そのためには憲法改正を要するとする見解が示された。[22] こうした憲法上の限界（したがって、解釈の限界）を予め一般的な形で設定するという対応は、「必要最小限度」が無制限に拡大して運用される危険性に歯止めをかける必要があるという政治的考慮と、必要最小限度の軍事力の保持と行使を解釈の変更によって認めたことに対する配慮および憲法九条の影響として軍事力の保持と行使を憲法によって制約するという思考様式が広く定着していたことなどによるものであったと推測され、そうした意味では、七二年見解は憲法九条の趣旨をできるだけ尊重しようとしたものとみることもできる。しかし、解釈の限界として設定された事柄は、前述したように、性質上予め一般的な形で定めることができない事柄であったこと、また、当時の支配的学説が軍事力による個別的自衛権の行使を違憲としていたこと、さらに、政府は五〇年代に憲法九条の規範内容の根本的変更ですら解釈の変更によって許されるとしていたこと等を考慮すれば、右の解釈の限界の設定は、客観的には軍事力による個別的自衛権の行使を根拠づけ、正当化するための便法という性格をもっていたとみることができる。

②もうひとつの事例は、二〇一四年の閣議決定にみられる。すなわち、政府は、二〇一四年七月一日の閣議決定により、七二年見解等で示されてきた従来の解釈を変更して、集団的自衛権の行使を限定的に容認した。こうした解釈の変更は、周知のように、七二年見解で示された限界を超えるものとして、厳しい批判にさらされることになった。[23] もっとも、政府は、こうした解釈の変更は従来から維持されてきた「基本的論理」の枠内での変更であるから、「合理的な解釈の限界を超えるような憲法解釈の変更」ではなく、したがって憲法改正の必

要はないこと、しかし、今回の限定的容認を超える集団的自衛権の行使、たとえば、「他国に対する武力攻撃の排除それ自体を目的とするものを含む集団的自衛権の行使」は解釈の限界を超えるもので許されず、そうした集団的自衛権の行使を認めるためには憲法改正を要する、と主張した。[24] 閣議決定が限界を超える解釈の変更を行ったのかどうかについては議論のあるところであるが、ここで重要なことは、政府は、今回も、七二年見解と同じ便宜主義的対応をしたことである。つまり、政府がいう「基本的な論理」とは、結局のところ、(i)「我が国の平和と安全を維持し、その存立を全うするとともに、国民の命を守ること」が「政府の最も重要な責務」であり、そのため「やむをえない必要最小限度の自衛措置」として「必要最小限度の武力」を行使することは許されること、(ii)そこにいう「必要最小限度の武力行使」の内容は安全保障環境の変化に応じて変化しうるものであるということであるとすれば、[25]「必要最小限度の武力行使」の内容は、八〇年の統一見解と同様に、その時々の国際情勢のもとで政治過程において決定されるべき性質のものとなろう。にもかかわらず、政府は、今回も、「必要最小限度」を客観的基準とし、こうした観点から、解釈の限界を予め一般的な形で示した。しかし、こうした限界は、事柄の性質上予め一般的な形で設定することができない事柄であったことに加えて、「基本的な論理」からすれば、将来、安全保障環境の変化のもとで、解釈の変更によって超えることが正当化されうるものであり、そうした意味では限界たりえないものを限界として設定したことになろう。だとすると、何故そうした対応をしたのかが問題となる。国会での論議によれば、該限界は集団的自衛権の行使が状況に応じて無制限に拡大されるとする懸念や批判に対する配慮として設定されたもの、つまりは、集団的自衛権の限定的行使を根拠づけるために設定されたとみることができ、そうした意味では、今回の解釈の限界も便法として設定されたとみることができる。

このように、政府は、憲法制定以来、ほぼ一貫して便宜主義の立場にたって、その都度便法として設定した解釈の限界を解釈の変更によって超えるという手法をとりつづけてきた。こうした手法は、憲法九条の規定自体を維持しつつ、事態に柔軟に対処することができるという利点をもつともいえなくはないが、憲法九条のもつ道義的意義と精神的支柱としての意義を実質上放棄するのみならず、憲法規範の流動化と不明瞭化をもたらし、また、「法の解釈は無限である」という意識を醸成することによって、立憲主義と「法の支配」の基盤を掘り崩してきたといえる。今日わが国が直面しているこうした事態がいかに深刻なものであるかは、ワイマール憲法の憲法秩序がナチス政権成立以前の同憲法下における運用により実質上崩壊していたこと[26]がナチスによる全権委任法の制定とそれにもとづく独裁体制の樹立を可能にしたという歴史を想起すれば明らかであろう。

4　第三に、憲法改正により憲法規範を変更することによって対処しようとする立場がある。憲法九条について、こうした立場は、とりわけ政党等の憲法改正草案で表明されてきた立場である[27]。こうした立場は、憲法規範を根本的に変更しようとする場合の対応の仕方としては、通常の憲法規定についていえば、立憲主義と成文憲法主義および憲法改正規定の趣旨に照らして最も妥当な立場である。しかし、問題は、憲法九条に関しては、こうした立憲主義や成文憲法主義等に忠実な対応には重大な難点があることである。すなわち、憲法九条二項の改正により軍事力の保持を明文化することについては、諸外国との間に深刻な摩擦を生ぜしめる可能性があることやわが国が再び軍国主義化することに対する歯止めが失われるという懸念があることもさることながら、憲法九条のもつ道義的意義と精神的支柱としての意義を終局的に放棄してしまうことになるという重大な難点があることである。立憲主義等はもとより重要だとしても、憲法九条がもつ道義的意義や精神的支柱としての意義は放棄されるべきでないとする立場にたつならば、憲法九条については、憲法改正の方法によることは妥当ではないことになろう。立憲主義を重視する人々が、憲法九条を憲法規定とみ、軍事力による個別的自衛権の行使を認める立場にたつ場合、それにもかかわらず憲法九条の改正に慎重ないし消極的であるのは、主としてこうした理由によるものと推測される。

二

以上みたように、憲法九条を通常の憲法規定とみる立場にはいずれも重大な難点があるように思われる。だとすると、憲法九条がもつ道義的意義と精神的支柱としての意義を維持しつつ、立憲主義等をも尊重した途は他に存在しないのであろうか。そうした可能性をもった対応の仕方として、憲法九条を通常の憲法規定とはみない立場がある。こうした立場のひとつに、政治的マニフェスト説がある。

1　(1)　高柳賢三は、一九五三年に、憲法九条を法規範ではなく、政治的宣言を定めた政治規範とみる説を提唱した。すなわち、高柳によれば、「アメリカ憲法は政治的マニフェスト的な色彩がつよい」が、日本国憲法も「政治的マニフェスト的な規定を含んでいる」(28)。それ故、「日本国憲法の正文」は「規則の集合体」としてではなく、「固定的な規則と流動的な基準と、直ちには実現しえざる理想をふくむ体系」として把握されなければならない[29]。そして、こうした「政治的マニフェスト的な規定」（あるいは「直ちには実現しえざる理想」）については、「法律的には単なるリトリカルなものとして受取るほか」なく、こうした規定を「民商法典の解釈と同じ『法学的』態度で解釈すると随分非常識なことになることもあり、又立法権行政権を不当に制限して国民の福祉増進を妨害することにもなる」[30]が、高柳によれば、憲法九条こそこうした政治的マニフェスト的な規定にほかならない。したがって、憲法九条を「民商法典の解釈と同じ『法学的』態度で解釈する」ことは妥当ではないことになる。もっとも、高柳によれば、「世界国家が出現して有力な世界警察が成立し、各国共非武装化」するような場合には、憲法九条が「規則」として「合理性をもつ」ことになる。しかし、そうでない場合には、憲法九条を「法学的態度」で解釈することは正しくない。高柳はいう。

「この場合には各国とも第二項のような規則によることになろう。しかしこれは未だ空想的な仮設であって、現実の国際社会はそうした性格のものでないのである。現実の国際社会を措定するかぎり、『戦力不保持』や『交戦権』などの字句は明かに非合理的である。日本の為政者はナショナル・セキュリティについて、国民にたいし重大な責任を負わねばならない。そして多数説のような解釈による第九条の下では、いかなる政党が政権を担当しようとも、国民にたいするこの重い責任を果すことはできない。字句に執着してナショナル・セキュリティを置きざりにするような憲法の解釈は正しい解釈ではない」[31]。

(2)　だとすれば、憲法九条についてはどのような解釈方法によるのが妥当か。高柳は次のように述べる。

憲法九条は「憲法のテキストのみならず第九条制定の事情と当時の社会的雰囲気を検討し、又現在の国際的社会状態を考察し、之に照して、国民の真の福祉に合致すると考えられるような正しい解釈を決定するいわゆる社会学的解釈方法」にしたがって解釈されなければならない。[32]

にもかかわらず、わが国の法律家は、憲法九条を「法学的」態度で解釈してきたのであり、この点に憲法九条に関する「混乱状態の病原」があったとする。高柳はいう。

「日本の法律家」は、「法典実証主義のつよい影響の下に、憲法典も他の法典と均しく規則の集合体と考え、前文ならいざ知らず、正文に書いてあることは、すべて、固定的な規則であるという前提の下に憲法解釈を行なわん」としてきた。「日本国憲法第九条の解釈に関する学界における通説と反対説との間の論争、それを背景とする政府と野党の議会における応酬、砂川事件の伊達判決の最高裁判決による破棄差戻し、第九条を中心とした改憲論と非改憲論の政治的相剋等々朝鮮動乱後わが国に起こつた九条を中心とする混乱状態の病源」は、「わが法律家がドイツ法学から十二分に学んだ『法典実証主義』にある」[33]。

(3) ところで、高柳のいう社会学的解釈によれば、憲法九条はどのように解釈されるのか。憲法九条は「『平和への意志』を表わした修辞的表現でかざられた国際政治的マニフェスト」にすぎず、「従って第二項の一々の字句からはなんら法的効果は発生しない」[34]。つまり、高柳は、「憲法九条の表現いかんにかかわらず、国際法上の意味での自衛権は完全にのこる」としつつ、「自衛隊をもつかもたぬか、中立主義をとるかどうか、海外に派兵するかどうか、核兵器をもつかもたぬか等は憲法第九条の問題として抽象的に論断さるべきではなく、すべて政策の問題として、あらゆる角度から具体的に慎重に考慮すべき問題となる」[35]と説く。

(4) もっとも、だからといって、憲法九条は無意味な規定となるわけではなく、むしろ、「世界平和の実現への唯一の途であるということを示す世界的宣言」として重要な意義をもつと主張する。

「自衛隊は、この奪うべからざる不文の自衛権の原理に基いて合憲であると考えた。しかしまた、それゆえに、第九条は無効と解すべきではなく、平和理念の具体的表現として、国内にたいしては、侵略戦争を再びすべからずという、国民によびかけた宣言であり、国外にたいしては、平和日本の決意を示すことによって、失われた日本にたいする信用を回復し、また原子力時代の世界では、各国とも戦争を放棄し、非武装でいくことが、世界平和の実現の唯一の途であるということを示す世界的宣言としてすこぶる重要な規定である」(36)。

2　以上が高柳によって提唱された政治的マニフェスト説の概要であるが、右にみたように、高柳の所説は、非武装規定という憲法九条の核心的内容を変更しないことにより憲法九条がもつ道義的精神的理念的意義を維持しつつ、現実との調和をはかろうとする説として傾聴に値する内容をもつ。しかし、他方で、高柳説に対しては、「憲法の規定をもって別段の法的意味をもたないとするためには、それだけの根拠が必要であろうが、本条について、それだけの根拠があるかといえば、とうていそれを見出しがたい(37)」とする有力な批判に示されているように、憲法九条を純然たる政治規範とみることの妥当性が問題となりうる。こうしたことから、学説上ほとんど支持者はみられない(38)。

憲法九条を通常の憲法規定とみないもうひとつの立場として、憲法九条を国家の目標を定めた法規範を内容とする規定とみる立場がある。この立場は、憲法九条をドイツの学説上使用されている国家目標規定とみる立場とほぼ同じ立場とみてよい。

三

1　ドイツの学説では、社会国家を定めた基本法の規定（二〇条一項）や環境保全を定めた規定（二〇a条）などを国家目標規定（Staatszielbestimmung）と説明する立場がみられる。[39] 学説上、「市民に主観的権利を与えることなく、国家権力（立法、執行、司法）を特定の目標の遂行に向けて法的拘束力をもって義務づける憲法規範」[40]とも定義されている国家目標規定は、次のような性質と特徴をもつとされている。第一に、国家権力（立法権、執行権、司法権）を法的に義務づける憲法規範であること、第二に、国家権力に対して特定の目標の追求のみを義務づけるにとどまり、達成する手段（いつまでに当該国家目標を実現するための活動をなすべきか、またそのためにどのような活動をなすべきか）については、国家機関に広い裁量を認めていること、第三に、しかし、手段の選択等にあたって国家機関は全く自由であるわけではなく、裁量権の濫用又は逸脱がある場合には違憲となりうる、ということである。[41]

2　ところで、こうした国家目標として、ゾンマーマンは、現代立憲国家においては、社会国家、文化国家、平和国家、環境国家等を挙げているが、[42]小山は、こうした「ゾンマーマンの説くところ」によれば、「日本国憲法でいえば、少なくとも第九条の平和主義、二七条の勤労の権利、二五条一項・二項などは、国家目標規定であると解されることになる」と説いている。[43]私も、以下の理由から、憲法九条を国家目標規定と解する立場を支持してきた。[44]①非武装規定としての憲法九条は、わが国の道義を表明したものとして、また、戦後日本の精神的支柱を形成するものとして堅持されるべきこと、②国連の集団安全保障体制を一層発展させることにより全世界の国々が非武装化されることが世界平和実現のひとつ有力な途であるとすれば、全世界の国々の非武装化は国際社会が目指すべき正しい目標であり、憲法九条はそうした正しい目標を世界に先駆けて掲げた規定であること、③国連の集団安全保障体制がなお十分機能しておらず、したがって前提条件が存在していない以上、憲法九条を通常の憲法規定とみることは困難であること、④憲法九条を国家目標規定とした場合には、憲法九条は公権力に対して軍備の撤廃という目標の達成を政治的道徳的にのみならず、法的にも義務づける規定となること、⑤国連の集団安全保障体制はなお十分に機能しておらず、かつ、今日の不透明かつ不安定な国際社会の状況のもとで、国民の生存と国家の存立を守るという重要な責務を課せられた公権力が軍備の撤廃という目標を達成するにあたっては、手段の選択や方法について広い裁量が認められる必要があること、⑥憲法九条は、戦争事態という勝義の非常事態にさいしての手段に関する規定であり、この点からも手段の選択にさいしては広い裁量が認められる必要があること、⑦しかし、そうした手段の選択は政治部門の完全な自由に委ねられるべきではなく、裁量権の濫用逸脱の場合には憲法九条違反となる場合がありうるとするのが妥当であること、である。

3　このように、憲法九条を国家目標を定めた規定とみる立場にたった場合、今後どのように対処するのが妥当かが問題となる。最後に、この点について、雑駁ながら若干の私見を述べておけば、第一に重要なことは、憲法九条が軍備の撤廃とそれを可能にする国際社会の仕組みの形成をわが国の目標とすることを定め、そうした目標の実現を公権力に法的に義務づけた規定であることおよびこうした憲法九条はわが国の最も貴重な精神的支柱を形成するものとして将来にわたって堅持されるべきことを国会の決議等で確認することである。第二に、そのうえで、今日の国際情勢等に照らして、「自衛のため必要最小限度」の軍事力の保持と行使を認めることと非核三原則をもってわが国の安全保障の基本政策とすること等を内容とする基本法を制定し、右の国家目標とそうした基本政策にもとづいて、何が「自衛のため必要最小限度」の軍事力の保持と行使（自衛措置）かをその時々の国際情勢との関連で政治過程で慎重に検討して決定するようにすることである。

（1）　金森国務大臣の答弁（清水伸編著・逐条日本国憲法審議録 第二巻（増訂版）（日本世論調査研究所・一九八六）六二、六五頁）。
（2）　吉田首相は、次のように答弁している。「戦争放棄に関する本案の規定は、直接には自衛権を否定はして居りませぬが、第九条第二項に於て一切の軍備と国の交戦権を認めない結果、自衛権の発動としての戦争も、又交戦権も放棄したものであります」（清水編著・注（1）八二頁）。
（3）　清宮四郎・憲法Ⅰ（有斐閣・一九五七）七六頁。
（4）　清水編著・注（1）四頁。

(5) 日本国憲法前文は、「日本国民は、国家の名誉にかけ、全力をあげてこの崇高な理想と目的を達成することを誓ふ」と宣言している。
(6) 芦部信喜・憲法(岩波書店・一九九三)五一頁。
(7) 清水編著・注(1)一六頁。
(8) 芦部も憲法は「日本の安全保障の基本的なあり方」として「国際連合による安全保障方式を想定していた」とする(注(6)五五頁)。
(9) 宮沢俊義・日本国憲法(日本評論新社・一九五五)一七六頁、清宮・注(3)八一頁、芦部・注(6)五七頁。
(10) 伊藤正己・憲法〔第三版〕(弘文堂・一九九五)八八頁。ちなみに、美濃部は次のように説いている。「法律学は実際生活の学問で人類の実際生活の必要を充たすことが法律学の任務であ」り、「教室を離れて実際社会には全く通用することが出来ないような空論を弄することは、法律学者の最も避くべき所である」(美濃部達吉・時事憲法問題批判(法制時報社・一九二一)二七六頁、二八五頁)。
(11) 一九四九年一一月二一日の衆議院外務委員会で、吉田首相は次のように答弁した。「私はこう考えております。日本は戦争を放棄し、軍備を放棄したのであるから、武力によらざる自衛権はある、外交その他の手段でもって国家を自衛する、守るという権利はむろんあると思います」(衆議院外務委員会議録第五号一五頁)。
(12) 衆議院予算委員会議録第三号七頁。
(13) 佐藤功・ポケット註釈憲法(上)〔新版〕(有斐閣・一九八三)一二五頁。
(14) 宮沢俊義(芦部信喜補訂)・全訂日本国憲法(日本評論社・一九七八)一六八頁。
(15) 一九五五年三月二六日に、鳩山首相は次のように答弁している。「私は、ずいぶん前から憲法の改正の必要を、唱えておりました。その当時においては、憲法の九条を改正しなくては軍隊を持つことができないと思いました。そうして日本を防衛するためにはどうしても軍隊が必要だ、それには憲法を改正しなくてはいけないと思いまして、強く憲法改正論を言っておりました。ところがその後憲法九条の解釈について、自衛のためには軍隊を持ってもいいという論に国論がなったと思つております。自衛のためならばよろしい、それがゆえに直接間接の侵略に対しては自衛隊がその防衛の任に当るというような法律が、衆議院を通過したわけでありますから、自衛のためなら軍隊を持ってもいいということは、衆議院がそういうふうに決定しております。それでそういうようになったのでありますから、憲法改正の非常に緊急だという点は、やわらいだと思っております。」（衆議院予算委員会議録第三号二頁）。

(16) 憲法改正と解釈の変更以外の対応の仕方としては、憲法九条が通常の憲法規定であるための前提条件が存在していないことにかんがみ、憲法九条の法的性質が変質し、憲法九条は通常の憲法規定としての性質を失い、政治的宣言を定めた規定あるいは国家の目標を定めた規定となったと解して対応する途がありえたのではないかと思われる。もとより、こうした対応をする可能性が当時あったのかどうかが問題となるが、前述した憲法制定時の吉田首相の答弁のほか、一九五三年に刊行された日本国憲法の代表的な注釈書が、「憲法が自衛のための戦争を放棄した日本の安全保障の方式として実現性のあるものと考えたのは、具体的には国際平和機構としての国際連合による安全保障の方式であった」（法学協会編・註解日本国憲法（上）（有斐閣・一九五三）一九四頁）と述べ、また、清宮も、一九五七年に、「軍備撤廃の背景」には、「国際連合による安全保障」があったと述べていること（清宮・注（3）七六頁）、後述する高柳賢三の政治的マニフェスト説が一九五三年に提唱されていたことなどを考慮すると、一九五〇年代に憲法九条は変質していたと認識することは不可能ではなかったと思われる。そして、もし、当時、こうした対応が選択されていたとすれば、その後の憲法九条をめぐる論争は解釈論争ではなく、原則として政策論争となったであろう。

(17) 弾力的解釈方法については、伊藤・注（10）八八頁以下。なお、こうした弾力的解釈方法を採用しても、憲法九条の規範内容の根本的変更が解釈の変更によって許されるのかどうかは別途検討される必要がある。

(18) 当時の第三次鳩山内閣は憲法九条の改正を目指したが、一九五六年の参議院選挙で憲法改正の発議に必要な議席の獲得に失敗し、こうしたことから解釈の方法で対応することになった。

(19) 昭和五三年二月一四日の政府統一見解（佐藤・注（13）一二七頁）。

(20) 佐藤幸治は、「『必要最小限度』性が果たしてどれだけ客観的基準となりうるのか、という重大な批判にさらされることは避けられない」とする（憲法〔第三版〕（青林書院・一九九五）六五七頁）。

(21) 伊藤は、憲法は「自衛権の行使は必要最小限度のものに限っている」としつつ、「自衛の範囲」について、「具体的にいかなる手段・方法をとることになるかは、政治過程で決定されなければなら」ず、また、「必要最小限度の戦力の判定をするのは、議会制民主主義の過程においてである」と説いている(伊藤・注(10)一七三頁、一七七頁)。

(22) 七二年見解については、阪田雅裕編著・政府の憲法解釈(有斐閣・二〇一三)五五頁。なお、七二年見解と同じ解釈は、八〇年の統一見解以後も政府によって繰り返し述べられていることについては、鈴木尊紘「憲法第九条と集団的自衛権」レファレンス二〇一一年一一月号三八頁以下、等雄一郎「日米関係から見た集団的自衛権論議」レファレンス二〇一五年三月号五四頁以下参照。ちなみに、このほか、政府が解釈の限界を超えるものとした例としては、「攻撃的兵器」(一九七八年二月一四日の政府統一見解)や「海外派兵」(一九八〇年一〇月二八日政府答弁書)がある。

(23) たとえば、二〇一五年六月四日の衆議院憲法調査会での長谷部恭男参考人の発言(同憲法審査会義録第三号一〇頁以下)、同年六月二二日の衆議院の「我が国及び国際社会の平和安全法制に関する特別委員会」での阪田雅裕、宮崎礼壹各参考人の発言(同委員会義録第十三号五頁以下)等。

(24) 二〇一四年七月一四日の衆議院予算委員会(同委員会議録一八号三頁)および同年一〇月一日の衆議院本会議での安倍首相の答弁(衆議院会議録三号一八頁以下)。

(25) 二〇一四年七月一日の閣議決定および二〇一五年六月二二日の政府答弁書(衆議院会議録三五号四頁以下)参照。

(26) ワイマール憲法の憲法秩序が、同憲法下での憲法改正・緊急権・授権法の運用を通して、ナチス政権成立以前に実質上崩壊していたこと、そのことがナチス独裁体制成立の基盤を形成したことについては、岩間・憲法破毀の概念(尚学社・二〇〇二)五一二〇四頁参照。

(27) 近時の憲法九条の改正をめぐる動きについては、さしあたり、岩間「憲法改正をめぐる動き」ジュリスト一四一四号(二〇一一)一〇頁以下【本書二〇頁以下所収】。

(28) 高柳賢三「平和・九条・再軍備」ジュリスト二五号(一九五三)三頁。

(29) 高柳賢三・天皇・憲法第九条(有紀書房・一九六三)八八―八九頁。

(30) 高柳・注(28)三頁。

(31) 高柳・注(28)五頁。

(32) 高柳・注(28)四頁。

(33) 高柳・注(29)八八‐八九頁。

(34) 高柳・注(28)五頁。

(35) 高柳・注(29)九〇頁。

(36) 高柳・注(29)八五頁。

(37) 宮沢(芦部補訂)・注(14)一八一頁。

(38) この点について、高柳は次のように述べている。「日本の法学界の法典実証主義の圧倒的動向にてらし、わたくしのこの解釈がわが法律家によって理解されるのには、十年はかかるだろうと、側近の人達にはしばしば語っていた。十年といったのは、その間に来るべき一連の実際問題に面接して、通説は必ず行きずまり、現実離れのした解釈であることを、わが学界も自覚するであろうことを期待していたからである」(高柳・注(29)八五頁)。なお、「法規範」を「準則」と「原理」に分け、憲法九条を「原理」とみる長谷部の所説(長谷部恭男「平和主義と立憲主義」ジュリスト一二六〇号(二〇〇四)五六頁以下)は、高柳説に近いようにみえるが、以下の諸点に照らすと、憲法九条を基本的には憲法規定とみる立場にたっているとみることができる。すなわち、長谷部説では、①憲法九条は「法規範」とされていること、②「原理」には「表現の自由などの憲法上の権利の保障を定める条文の多く」が属するとされていること、③「国内の政治過程が非合理な決定を行う危険」があること等から、「憲法によりその時々の政治的多数派によって容易に動かしえない政策決定の枠」を設定することは「合理的な対処の方法」だとされていること(同六六頁)、④「自衛のため必要最小限度の実力」の保持と個別的自衛権の行使は憲法九条のもとで許されるが、集団的自衛権の行使は「憲法九条二項の存在と両立」し難く、集団的自衛権の行使を認めるためには憲法改正を要するとされていること(同五六頁、同「集団的自衛権行使容認論の問題点」自由と正義六五巻九号(二〇一四)九頁、一四頁)、である。

(39) 環境保全を定める基本法の規定を国家目標規定とみる説として、たとえば、ディートリッヒ・ムルスヴィーク(岡田俊幸訳)「国家目標としての環境保護」ドイツ憲法判例研究会編・人間・科学技術・環境（信山社・一九九九）二五七頁以下。なお参照、桑原勇進・環境法の基礎理論（有斐閣・二〇一三）一四〇頁以下。また、社会国家的規定を国家目標規定とみる所説については、浅川千尋・国家目標規定と社会権（日本評論社・二〇〇八）七三頁以下、石塚壮太郎「社会国家・社会国家原理・社会法——国家目標規定の規範的具体化の一局面」法学政治学論究一〇一号（二〇一四）一九七頁以下。

（40） K.-P. Sommermann, Staatsziele und Staatszielbestimmungen (1997) S. 239 ff. 小山剛・基本権の内容形成（尚学社・二〇〇四）二六四頁による。

（41） このほか、主観的権利を付与する規定ではないことなどが指摘されている（小山・注（40）二六八頁以下、岡田裕光「ドイツの国家目標規定について」関西大学法学論集五〇巻四号（二〇〇〇）七五頁、七七-七八頁）。

（42） 小山・注（40）二六四頁。

（43） 小山・注（40）二九五頁。

（44） 私のこうした立場については、岩間「憲法九条と解釈・変遷・改正」千葉大学法学論集二二巻三号（二〇〇七）一頁以下（同・戦後憲法学の諸相（尚学社・二〇〇八）一三〇頁以下所収）、同・憲法綱要（尚学社・二〇一一）三五四頁以下、同・注（27）一一頁以下【本書二〇頁以下】。

（千葉大学法学論集三一巻一号〔二〇一六年〕）

Ⅵ　合法性と正当性
——日本国憲法のもとでの憲法政治の在り方について

一

日本国憲法のもとでの政治は、憲法（憲法典が定める憲法規範）にしたがって行われることが求められている。しかし、時として、憲法典が定める憲法規範に反すると解される措置がとられ、しかも、そうした措置が社会的政治的倫理的観点からみて正当と判断されるような場合がある。つまり、合法性と正当性の間に乖離が生じている場合である。そうした場合、当該措置について、憲法上どのように対応するのが妥当か。この問題は、日本国憲法のもとでの憲法政治の在り方の基本にかかわる問題であるにもかかわらず、これまで必ずしも正面から十分に論じられてこなかったように思われる。そこで、この小論では、右の問題について、雑駁ではあるが、わが国の代表的な憲法学説を素材にして検討したいと思う。

ところで、右に述べたような合法性と正当性の間に乖離が生じている場合に対する対応として、学説上二つの立場がみられる。ひとつは、憲法の解釈によって合法性と正当性を一致させようとする立場である。そして、もうひとつは、憲法の改正によって合法性と正当性を一致させようとする立場である。以下順を追って検討する。

二

第一の立場は、従来の解釈からすれば憲法典が定める憲法規範に反すると解されるが、社会的政治的倫理的観点からみて正当と判断されるような措置については、解釈を変更して合憲とすることによって対応しようとする立場である。換言すれば、合法性と正当性の間に乖離が生じている場合には、解釈によって合法性と正当性を一致させようとする立場である。こうした立場の典型は、明治憲法下の立憲主義憲法学説を代表した美濃部達吉の所説にみることができる。もとより、美濃部の所説は明治憲法下のものであるが、解釈によって対応するという憲法政治の在り方をわが国で最初にかつ体系的な形で提示したものであり、また、その後、日本国憲法下の運用と今日の学説の有力な傾向に実質上大きな影響を及ぼしたとみることができるものであることから、ここでは、第一の立場を代表する学説として、美濃部の所説を紹介することにする。

明治憲法（正式には大日本帝国憲法）は、周知のように、国体の原理を基本としつつ、西欧に由来する国民（臣民）の権利保障や議会制を中心とした立憲主義の要素を加味して制定された。美濃部は、こうした明治憲法について、一九世紀のドイツの憲法学説に範をとって立憲主義の要素に力点を置いて解釈したが、美濃部の所説の特徴は、そうした解釈を独特な法源論にもとづく解釈方法によって基礎づけた点にあった。美濃部のそうした解釈方法の特徴は、以下のとおりである。(1)

①第一に、憲法解釈の方法として、弾力的解釈をとるべきことを主張したことである。その理由として、美濃部は、明治憲法の性質、ことにその「固定性」をあげる。すなわち、明治憲法は「改正の発案を専ら勅令にのみ留保」し、加えて日本では「憲法が国家の根本法であり容易にその改正を企つべきものではないとする一般感情が頗る強い」ため、同憲法は「固定性が非常に強く、時代の変遷に応じて流動することの性質を欠いて居り、したがって、こうした憲法のもとで、「若し憲法の規定を文字通りの厳格の意義に解」するならば、「絶えず変遷する社会事情の必要に応ずることは、不可能」となり、「それは却て憲法の破壊を促がす原因ともなり得る」と説く。(2)②第二に、独特な法源論によってこうした弾力的解釈を基礎づけたことである。すなわち、美濃部は、従来の日本の法律学が法律学をもって「法文解釈学」とすることの究極の原因は「法」をもって「主権者の命令」あるいは「国家の制定した法則」とする点にこそあるが、「立法者の権威」あるいは「国家の制定」は決して国法を作る唯一の原因ではなく、それとならんで、「歴史的事実」と「条理」もまた国法を作る原因たりうると主張し、こうした立場にもとづいて、「立法者の権威」にもとづく「制定法」とならんで、「歴史的事実」と「条理」にもとづく「非制定法」もまた「等しく法の淵源を為す」と説く。(3)そして、美濃部は、かような「非制定法」として、「事実ノ力ニ基キテ国法タルモノ」としての「慣習法」と、「人類ノ正義感情、正義意識、事物ノ自然ノ条理、現代一般国法ノ基礎タル精神、社会生活ノ必要条件等、総テ現代ノ国法上必ズ斯クアラザルベカラズト

スル思想」を内容とする「理法」を認め、対応して、「憲法ノ法源」として、「成文憲法」のほかに、「憲法的慣習法」と「憲法的理法」という「不文憲法」を認める。[4] それ故、美濃部によれば、これら三つの法源が相俟って「現に行はるる国法」という意味での「実定法としての憲法」が形成され、憲法の解釈とはこのような「実定法としての憲法」の内容を明らかにすることになる。③第三に、右の三つの法源の内、「憲法的理法」に最も優位する効力が与えられていることである。すなわち、美濃部は、「不文憲法」は「憲法の規定に漏れて居る事柄に付いて之を補充する」働きのみならず、「成文憲法」を「修正」する働きをもつと主張するとともに、[5]「不文憲法」の中でも「憲法的理法」に最も優位する効力を認める。美濃部はいう。「悪法は法に非ず条理に適合せる所が即ち法なり」。「制定法は理法と相調和するに依て始めて確実に法たる力を有することを得る」が故に、「勉めて成文法規と理法とをして相調和せしめ得べき解釈を為さざるべからず[6]」。したがって、「実定法としての憲法」の「解釈」にあたっては「理法」、とりわけ「条理」を明らかにすることこそ肝要となる。そして、美濃部によれば、「条理」とは「或る時代の社会に於いて社会的正義及社会的利益の要求として法律上必ず斯くあらざるべからずとして意識せらるる所を意味」し、「時代に従って変遷すべきもの」とされるから、「何が法であるかを判断する為には、正義及利益の考察が最も肝要」であり、また、「社会的政治的倫理的な値値判断こそ何が法であるかを発見すべき最も主要な要素」ということになる。[7] ④第四に、以上の帰結として、美濃部においては、実質上解釈の限界が否定され、立法論と解釈論の区別も否定されていることである。美濃部はいう。「世の論者は立法論と解釈論とは全く区別せざるべからずと為す。余は解釈論に於ても常に立法論を度外にすることを得ず、立法論は多くの場合に於て解釈論と相合致するものなりと曰はんと欲す[8]」。こうして、美濃部においては、憲法改正は原則として不要となる。[9] ⑤第五に、右のような法源論の基礎には、「法」は「社会心理」（＝「社会の平均人の心理」）に存立の基礎をもち、「法」とは「社会一般人ノ心理ニ於テ人類ノ利益ノ為ニ破ルベカラザル意思ノ規律トシテ認識セラルルモノ」とする法の本質観と、[10] 法の効力論として、「凡て法は現実に法として行はるるものなることを要件とす、行はれざるものは法に非ざるなり」[11] とするいわゆる社会学的効力論の立場が存在していたことである。⑥第六に、以上のような美濃部の弾力的解釈方法は、ドイツ立憲主義の憲法学説を活用して明治憲法を自由主義的立憲主義的に解釈することを主たる狙いとしていたが、[12] 同時に、「社会生活の必要条件」や「国家の実際の必要」をも「理法」の内容とする結果、成文憲法に反する疑いのある措置も、それが「国家の実際の必要」にもとづくものであると判断される場合、つまり、社会的政治的倫理的な観点から正当と判断されるような場合には、解釈によって合憲とされ、こうして美濃部の憲法解釈方法は、政治の要請に応じることを可能にするものでもあったことである。[13]

以上が美濃部の憲法解釈方法の概要であるが、本稿のテーマとの関連でその骨子をいえば、憲法典が定める憲法規範に反する措置も、それが社会的政治的倫理的観点からみて正当と判断されるような場合には、解釈で合憲することによって対応しようとする立場とみることができる。換言すれば、合法性と正当性の間に乖離が生じている場合には、解釈によって合法性と正当性を一致させようとする立場である。もとより、成文憲法主義を採用している日本国憲法のもとでは、こうした美濃部の解釈方法をそのままの形で採用することは不可能である。しかし、従来の解釈からすれば憲法に反すると解されるような措置も、それが社会的政治的倫理的観点からみて正当と判断されるような場合には、可能な限り解釈によって合憲とするという対応の仕方は、日本国憲法下の運用のみならず学説上でも広くみられるところであり、美濃部の学説はそうした日本国憲法下の動向に実質上大きな影響を及ぼしてきたことは否定できない。[14] そして、こうした解釈によって対応しようとする立場は、憲法と社会の要請の間の空隙を比較的摩擦が少ない形で埋めることによって、憲法に「強靱な生命力」（伊藤）を与える可能性をもつとみることもできる。しかし、こうした立場は、同時に次のような問題ももつ。ひとつには、成文憲法主義を採用する日本国憲法のもとでは、仮に過度の弾力的な解釈方法を採用したとしても、憲法典の解釈によって対応することが困難な場合や適切でない場合がありえ、したがって、憲法典が定める憲法規範に反するが社会的政治的倫理的観点から正当と判断されるようなすべての措置について解釈によって対応することには限界があることである。そして、もうひとつには、過度の弾力的流動的な解釈運用は、結局のところ、「法の存在を無意味」（宮沢）にし、憲法政治を消滅させる可能性をもつことである。

三

第二の立場は、憲法典が定める憲法規範に反すると解される措置が社会的政治的倫理的観点からみて正当と判断されるような場合には、憲法を改正して当該措置をとるのが妥当だとする立場である。換言すれば、合法性と正当性の間に乖離が生じている場合には、憲法改正によって合法性と正当性を一致させようとする立場である。こうした立場は、典型的には、一九七五年に公表された宮沢俊義の「コンセンサスで作られる合法性？」と題する論説[15]で主張されている。少し長くなるが、宮沢の言葉を引用しつつ、その要旨を紹介することにしたい。

宮沢は、一九七〇年に制定された沖縄住民の国政参加特別措置法に関連して、次のように述べている。「この法律の合憲性について、やや、問題があった。施政権が日本に返される以前の沖縄で、日本の法律にもとづいた手続により国会議員――日本の国会議員――を選挙することが、憲法上はたして許されるか、という問題であった。しかし、このときは、いろいろな政治上の理由から、政府は賛成だったし、沖縄の住民も賛成だったし、さらに国会では、与党はもちろん、すべての野党も賛成だった」。「この法律は、国会両院で、全会一致で可決された。それにもとづき、琉球政府立法院の制定した選挙法により、本土の公職選挙法と実質上まったく同じ手続によって、衆議院議員五名および参議院地方区議員二名（全国区議員はのぞく）が選挙された。かれらは、本土の公職選挙法によって選挙された国会議員と全然ひとしく取り扱われた」。この「変則に見える状態」について、関係者のあいだで、「異論はあるにはあったが、きわめて微力」で、「また論者は、その異論をどこまでも積極的に主張する意欲をもっていなかった」。「この状態を憲法的にどう説明すべきであるか」。「この状態を合憲と解することは、通常の憲法解釈によるかぎり、どうもむりなようである」。「かような状態、すなわち、一方で、ずばり合憲と見るわけにはいかず、さればといって、他方で、端的に違憲とするのもためらわれるという場合には、どうしたらいいか。おもいきって憲法を改正するのが、正道であることは、いうまでもない」。しかし、「憲法改正は、劇薬で、さまざまな副作用があるからめったに使えないとすると、関係者のあいだに完全なコンセンサスを成立させる方法が、考えられる」。それは、「違法な現象が、関係者のあいだに、完全なコンセンサスが成立することによって、合法化したことになる場合である。つまり、一般にいえば、関係者のあいだの完全なコンセンサスの成立が合法性を作る場合である。だが、これは、法の成文を、または、その解釈を無意味にするものではないか」。宮沢は、こう述べたあと、続けて日本国憲法の運用について、次のように批判する。「同じような問題は、憲法八九条についても、起こっている」。私立学校法制定以来、「『緩和的拡張解釈』がだんだん実行されてきた」。「憲法改正というまともな道をとらずに、八九条の制約を実質上抹消してしまおう、という傾向の解釈すら見える」。「『陸海空軍その他の戦力』をもたない、というのは軍備を禁止する意味であり、『公の支配』に属しない私学に公金を支出しない、というのは、私学への金銭的その他の補助を禁ずる趣旨である。自衛隊が軍備に該当しないように、私学は、『公の支配』に属する、と見るべきだとするならば、憲法第九条と憲法第八九条は、形式的には改正されなくても、実質的には、改正されているのと同じことであろう」。「拡張解釈といっても、程がある。八九条の規定があってもなくても、同じ結果になるような拡張ないし縮小解釈は、おそらく、法の解釈の範囲を超えよう。それよりは、いかに強烈な副作用があろうとも、憲法改正の正道をあゆむべきではなかろうか」。「完全なコンセンサスが成立したからといって、非合法を堂々と合法化するとも評されるような便法に訴えることは、あまり感心しない。それは、コンセンサスの名の下に、法の規定をもぐることになるからである。もし、完全なコンセンサスが成立する場合だとすれば、硬い憲法を改正する手続がどんなに複雑であろうとも、憲法改正を行なうことは、そうむずかしくないはずである。便法の易きにつくことは、法の解釈は無限であるという命題を、文字どおり、承認することで、法の解釈の邪道であるのみならず、結局において、法の解釈の存在を、したがって法の存在を無意味にしてしまうおそれがある」。

以上が宮沢の一九七五年の論説の概要であるが、本稿のテーマとの関連でいえば、その骨子は、憲法典が定める憲法規定の解釈には限界があり、そうした限界を超える措置が社会的政治的倫理的観点からみて正当と判断されるような場合には、コンセンサスや解釈という便法に訴えるのではなく、いかに強烈な副作用があろうとも、憲法を改正して当該措置をとるのが妥当だというものだといえる[16]。換言すれば、合法性と正当性の間に乖離が生じている場合には、憲法改正によって合法性と正当性を一致させるべきだとする主張である。こうした宮沢の立場は、日本国憲法が採用する成文憲法主義に照らして、当該憲法規定が通常の憲法規定である場合には、基本的に妥当である[17]。しかし、他方で、憲法典が定める憲法規範に反するが社会的政治的倫理的観点から正当と判断されるようなすべての措置について、憲法典の変更を伴う憲法改正を要するとすることは、憲法九六条の趣旨等に照らして妥当かという問題がある。

四

憲法典が定める憲法規範に反すると解されるが、社会的政治的倫理的観点からみて正当と判断されるような措置については、憲法上どのように対応するのが妥当か。この問題について、わが国の学説上代表的な二つの立場を紹介したが、いずれの立場にも日本国憲法のもとでの憲法政治の在り方としては問題があるように思われる。だとすると、日本国憲法により相応しい第三の立場は存在しないのかが問題となるが、そうした立場として、以下のような立場がありうるのではないかと考えている。すなわち、日本国憲法が採用する成文憲法主義、憲法改正を定めた憲法九六条と国会の最高機関性を定めた憲法四一条の趣旨、日本国憲法下でのこれまでの運用等に照らして、当該措置が憲法規範を継続的かつ重要な程度に変更する内容をもち、かつ社会的政治的倫理的観点から正当と判断されるような場合、すなわち、憲法規定が定める憲法規範が全体としてあるいは部分的に社会的政治的倫理的正当性を失ってしまっているような場合には、憲法を改正して当該措置をとるのが妥当であること、しかし、当該措置が憲法規範の例外ないし特例を定める内容のものであり、かつ社会的政治的倫理的観点から正当と判断されるような場合、すなわち、憲法規定が定める憲法規範自体は社会的政治的倫理的正当性を保持しているが、例外的に当該規範に反する措置に社会的政治的倫理的正当性が認められるような場合には、憲法改正を要することなく、国会を構成する全会派の一致により当該措置をとることができるとする立場である。換言すれば、合法性と正当性の間に重大な乖離が生じている場合には、原則として憲法改正によって合法性と正当性を一致させるのが妥当であるが、合法性と正当性の間に例外的に乖離が生じているにすぎないような場合には、実質上「関係者のあいだの完全なコンセンサス」によって合法性と正当性を一致させることを認める立場である。こうした立場を妥当とする理由は、以下のとおりである。

①第一に、憲法規範に反するという場合にも内容上区別されるべき場合があることおよび憲法九六条の趣旨である。すなわち、ひとくちに憲法典が定める憲法規範に反する措置といっても、憲法規範を継続的かつ重要な程度に変更するような措置（前掲の宮沢論文によれば、自衛隊法による憲法九条の規範内容の変更や私学助成法による憲法八九条の規範内容の変更の場合）と、憲法規範の例外ないし特例を設けるような措置（沖縄住民の国政参加特別措置法や自民党の憲法改正素案にみられる緊急事態にさいしての国会議員の任期延長措置）[18]があること、他方、憲法九六条にいう「憲法改正」とは憲法典が定める憲法規範の内容を継続的かつ重要な程度に変更する場合（新しい憲法規範を創設

する場合を含む）を意味し（それ故、憲法九六条は、憲法条項が定める憲法規範を継続的かつ重要な程度に変更しようとする場合には、同条所定の改正手続を遵守しかつ憲法典の条項を修正・削除・追加して行われる必要があることを定めていることになる）、したがって、憲法規範の例外ないし特例を設けるような場合は、憲法九六条にいう「憲法改正」に含まれず、同条所定の改正手続を要しないと解されることである。[19] そして、憲法九六条にいう「憲法改正」をこのように解する理由は、(i)日本国憲法のもとではある程度柔軟な解釈方法を採用するのが妥当であること、(ii)憲法九六条は国民投票を伴う比較的硬い改正手続を定めていること、(iii)成文憲法主義を採用する日本国憲法のもとでは、例外的・特例的に憲法規範に反する措置をとる場合にも憲法典の変更を伴う憲法改正を要するとすることは、憲法典を極めて煩雑なものとすることになり、[20] 国の基本法の在り方として妥当ではないことである。

②第二に、憲法四一条の趣旨である。すなわち、憲法四一条は、国会は「国権の最高機関」と定めるが、所属不明の権限は同条にもとづいて国会に帰属するとの推定を受けると解する説が有力であることである。たとえば、清宮は、「国会は、もともと国民に属する権能のうち、国民みずから行使しないものについては、これを国民にかわって行使する職責をもつものと認められ、したがって、その権限について、憲法に特に規定されているもののほか、いずれの機関の権限に属するか不明のものは、国会の権限に属するものとの推定を受けるものと解せられるが、これも最高機関性のあらわれであろう」と説いているが、[21] こうした立場からすれば、憲法規範の例外ないし特例を設ける内容のものでかつ社会的政治的倫理的観点から正当と判断されるような措置をとるという極めて重要な権限は、憲法九六条が定める憲法改正権に含まれないとすれば、憲法四一条にもとづいて国会に帰属すると解されることになろう。

③第三に、憲法規範の例外ないし特例を設けることができるという重要な権限の行使にあたっては国会を構成する全会派一致の承認を要するとする理由は、(i)当該措置が社会的政治的倫理的観点からみて正当であることを担保するためであること、(ii)同権限が政治的緊急事態にさいしても行使される可能性をもっていることからすると、事柄の性質上政治的に濫用される危険性が少なくなく[22]、そうした濫用を防止するという観点から、当該権限は国会を構成する全会派の一致によってのみ行使できるとすることが重要であること、(iii)当該措置が社会的政治的倫理的観点からみて正当であると広く国民の間で判断されるような場合には、そうした国民の同意を背景にして国会を構成する全会派の一致を得ることは、次に紹介する事例が示すように可能であること、である。

④第四に、社会的政治的倫理的観点からみて正当と判断されるような憲法規範の例外ないし特例が国会の全会派の一致のもとでとられた先例が存在していることである。(i)ひとつは、先の宮沢論文で紹介されている一九七〇年に制定された沖縄住民の国政参加特別措置法である。この法律は、宮沢によれば、「合憲と解することは、通常の憲法解釈によるかぎり無理」と評されるものであったが、結局、社会的政治的倫理的観点からみて正当と判断される内容のものであったことから、国民の同意を背景にして、国会両院で全会一致で可決された。(ii)もうひとつの例は、二〇一六年の天皇の「おことば」とそれにつづいて制定された皇室典範特例法である。すなわち、天皇は、二〇一六年八月八日の「おことば」で、「現行の皇室制度に具体的に触れることは控え」るとしつつ、自らが「高齢となった場合、どのような在り方が望ましいか」についての「気持ち」として、摂政や国事行為の委任ないし代理は自らが築いてきた象徴としての在り方に照らして妥当でないとし、明言はしていな

いものの、「生前退位」が望ましいことを示唆した。この「おことば」は、終身制を定めている現行制度のもとで、しかも、象徴天皇制という日本国憲法下の最も重要な国政制度の在り方について、天皇が自己の「気持ち」を述べたもので、こうした点からすれば、政府の解釈に照らすと、憲法四条に抵触する疑いの強いものであった。[23]しかし、政府は、「おことば」は、退位を望む意思ではなく、「心痛」を表明したものであるとし、「国民は天皇陛下のお気持ちを理解し、これに共感している」（安倍晋三首相の談話）と述べ、また、その後制定された天皇の退位等に関する皇室典範特例法も、「天皇陛下のお気持ち」に対する国民の「共感」を根拠に特例的に退位を認めることとし、同法律は、国会の両院で全会派一致で承認された。このように憲法四条に抵触する疑いがあった「おことば」とそれにつづく特例法は、社会的政治的倫理的観点からみて正当と判断されるものであったことから、[24]国民の同意を背景とした国会両院でのすべての会派の一致の承認で制定された。

以上の二つの事例は、憲法規範の例外ないし特例を定める措置について、社会的政治的倫理的観点からみて正当と判断され、かつ、解釈によって対応することが困難あるいは不適切と判断されるような場合には、国民の同意を背景として、国会を構成する全会派の一致により、つまりは「関係者のあいだの完全なコンセンサス」により当該措置をとることができるとする慣行が形成されつつあることを示している。こうした慣行は、日本国憲法のもとでの憲法政治の在り方として基本的に妥当と思われるが、問題はそうした慣行の法的根拠である。成文憲法主義を採用する日本国憲法のもとでは、憲法典を尊重しその権威を維持するために、慣行の法的根拠は、可能な限り憲法典が定める憲法規定に求められる必要がある。それ故、こうした立場からすれば、法的根拠は、コンセンサス、憲法慣習法、憲法的理法等の不文の法理に求められるべきではなく、右に述べたように、

憲法四一条に求められるのが妥当であろう。(25)

(1) 美濃部の憲法解釈方法については、さしあたり、岩間・憲法破毀の概念(尚学社・二〇〇二)三六九-九二頁。

(2) 美濃部達吉・逐條憲法精義(有斐閣・一九二七)二五-二六頁。

(3) 美濃部達吉・法の本質(日本評論社・一九四八)一八三-八四頁、同・憲法撮要〔改訂第五版〕(有斐閣・一九三二)「序」四-五頁。

(4) 美濃部・憲法撮要一一四-一一八頁。

(5) 美濃部・注(2)三三-三四頁。

(6) 美濃部・法の本質一八八頁。美濃部は、こうした立場にもとづいて、次のように主張する。裁判官、行政官も、「制定法の規定にして若し一般法律思想に反し社会生活の必要に適合せざるに於ては……時に理法の命ずる所に随って制定法を修補するを憚るべからざるなり」(同二一七頁)。

(7) 美濃部・憲法撮要「序」五-七頁。

(8) 美濃部・法の本質一八八頁。

(9) 一九四五年一〇月に、美濃部が、次のように述べて、ポツダム宣言の実施は明治憲法を改正しないでも可能とする立場をとったのも、憲法改正を実質上不要とする彼の解釈方法と無関係ではないように思われる。「いわゆる『憲法の民主主義化』を実現するためには、形式的な憲法の条文の改正は必ずしも絶対の必要ではなく、現在の憲法の条文の下においても、議院法、貴族院令、衆議院議員選挙法、官制、地方自治制、その他の法令の改正及びその運用により、これを実現することが充分可能であることを信ずる」(佐藤達夫・日本国憲法成立史第一巻(有斐閣・一九六二)一七五頁)。

(10) 美濃部・憲法撮要八頁。

(11) 美濃部・法の本質二一二頁。

(12) たとえば、美濃部は、議会の内閣不信任決議権について、憲法および法律上明文をもって認められていないが、「立憲政治の一般原理」にもとづいて議会の「正当ノ権限」に属すると主張する（憲法撮要三九四頁）。

（13） こうした特徴は、「責任支出」の問題についての解釈に特に明瞭に示されている。責任支出問題というのは、歳出にさいして予備費が不足したような場合に、政府は、前年度の剰余金（前年度の実際の歳入から歳出を差引いた残余額）を予算外支出の財源として援用することができるかという問題であり、当時、歴代の政府はこれを「責任支出」の名のもとに行ってきたが、学説では、一木喜徳郎、清水澄、市村光恵、上杉慎吉、佐々木惣一等による憲法の規定（六四条二項、六九条、七〇条）を根拠とした違憲説が有力であった。これに対して、美濃部は、違憲説は専ら憲法の「字義」解釈を根拠とした「極めて危険なる解釈の方法」だと批判しつつ、①「責任支出」は、歴代の政府と議会によって長い間承認されてきたものであり、それ故正当な先例として尊重されるべきこと、②憲法の「正当な解釈」のためには、それが「国家の目的に適合するか否か」あるいは「国家の実際の必要」と調和するか否かを標準とすべきであり、この点からすると、「予備費の定額以上には如何なる必要があっても政府の意見のみによっては少額の剰余金を支出することを許さ」ないとすることは、「国家の実際の必要と調和する所以でな」く、また、「予算の為に国家を犠牲に供する」もので「国家の目的に適合する所以」ではないこと等を根拠として、責任支出は合憲であると主張した（美濃部達吉・時事憲法問題批判（法制時報社・一九二一）二〇五頁以下、二二五頁、二七六頁）。

（14） こうした影響は、たとえば、伊藤正己の所説にみることができる。すなわち、伊藤は、日本国憲法の解釈の在り方について、次のように述べている。「成文憲法の解釈としては、その解釈の基盤が法文にあるとしても、法文にとらわれ、概念構成と論理のみに重点をおく解釈を行うときは、生きた憲法の運用は望めない」。したがって、憲法の解釈としては、「社会的要請を的確に分析把握し、憲法の包括的、一般的な規定が社会の要求に適合するように運用されることを可能にする解釈態度が必要とされ」、「現実を無視した論理の操作のみでは、憲法を真に生かす解釈運用はできない」。「追求すべきは社会に妥当すべき客観的な合目的的解釈である」。また、「憲法の解釈運用は硬直化したものであってはならず、そこに弾力性が認められてよい」。「憲法の解釈運用に弾力性が必要であることは、同時にそれが固定的でなく流動的であるべきこと、立法者の意思やある時期の要求に拘束されるのではなく、時代によって変動しうるものでなければならないことを意味している。かりにある解釈がある時期に正当性を主張しえても、それにとらわれていては、憲法と社会の要請との間に空隙を生ずることになる」。「もとより社会の要求や政治の要求の変動に応じて直ちに憲法の解釈運用をそれに対応させねばならないということではなく、無原則にそれらの要求に追随していくべきではない」が、「一度定着した解釈を固守し、その解釈の変更を著しく困難にする態度は、憲法の解釈の場合とるべきではない。憲法と社会の要請との間の空隙を埋める正式の方法は憲法改正であり、場合によっては、この正式の方法によって憲法を改めていかねばならないこともありうる。しかし、憲法改正は、硬性憲法にあっては手続的な困難があるし、政治的紛争を生ずる可能性もあって、事実上避けられることも少なくない。したがって、憲法を弾力的・流動的に解釈運用することによって、この空隙を埋めるのが適当であることがきわめて多い。そのような運用によって支えられた憲法がむしろ強靱な生命力をもちうることは、アメリカ連邦憲法の歴史の示すところである。」(伊藤正己・憲法〔第三版〕(弘文堂・一九九五)八六―八九頁)。

(15) 宮沢俊義・憲法論集(有斐閣・一九七八)四六八頁以下。

(16) 宮沢は、こうした立場から、憲法八九条については、次のように主張している。「本条後段が日本の現実にはたして適合するかどうか、はなはだ疑問である。私立学校法……は、本条後段にはむしろ違反すると考えられるが、そういう本条に違反すると考えられるような規定が、現実に各方面からの要望にもとづいて設けられ、それが一般に是認されているということは、本条後段そのものが日本の実情に適する規定でないことを、なによりも雄弁に証明しているといえようか。本条は、立法論的には、大いに検討を要する規定である」(宮沢俊義〔芦部信喜補訂〕・全訂日本国憲法(日本評論社・一九七八)七五一頁)。また、宮沢は、憲法九条についても、次のように主張する。すなわち、宮沢は、憲法九条を自衛戦争を含む一切の戦争の放棄と一切の軍備の保持を禁止した規定と解し(宮沢俊義・日本国憲法(日本評論新社・一九五五)一六二頁以下)、こうした憲法九条を定めた理由について、次のように述べる。憲法が「軍隊をやめたのは、たんに日本だけが戦争からはなれていようという意味ではない。この世界で、日本だけが戦争からはなれていたいとおもっても、そんなことはできるわけのものではない。日本が戦争にまきこまれずにすむためには、世界中に平和が確立されなければならない。そして、世界中に平和が確立されるためには、各国が戦争を放棄して、軍隊を廃止する必要がある。日本の憲法は、こう考えて、戦争の放棄と軍備の撤廃を定めたのである」(同・平和と人権(東京大学出版会・一九六九)一〇頁)。それ故、「各国が戦争を放棄して、軍隊を廃止」していない状況のもとで平和を確保するためには、軍備(国連軍を含む)が必要だと主張する。宮沢はいう。「いくら侵略者があっても、これにまったく抵抗しなければ、戦争は起こらない。平和は、形の上では、保たれる。しかし、それは侵略者の武力におどかされて小さくなっている奴隷の平和である。それはほんとうの平和ではない。平和はたんなる平穏であってはならない。たんなる平穏ならば、どこの監獄にも存在する。平和は、どこでも自由な平和でなくてはならない。自由な平和を侵害する者が存在し、それに有効に抵抗するためにはどうしても武力が必要であるとするならば、自由な平和をもつことをあきらめてしまわないかぎり、そうした武力の行動を承認しなくてはならないだろう。」（同一一二頁。傍点は著者）。それ故、国連の集団安全保障体制が十分機能せず、憲法九条を「政治的マニフェスト」とみる説は法がもつべき実定性を無視し、憲法の規定を「一片の『外交辞令』」にするもので採用することができず（同・政治と憲法（東京大学出版会・一九六九）二〇一頁以下）、解釈によって軍備の保持を認めることは解釈の限界を超えて許されないとするならば、そして、後述する国家目標規定説という考え方がなお知られていなかったという状況のもとでは、「自由な平和」を確保するために残された途は、憲法九条を改正して軍備を保持することと以外にはないことになろう。もっとも、宮沢は、一九五四年には、以下のように、憲法九条の改正は日本の軍国主義の復活をもたらすおそれがあるとして慎重な態度をとっていた。「私は従来も今憲法改正をやるということには反対の意見」をもっているが、「そのいちばん大きな理由」は、「軍国主義の復活」という問題であり、「したがって、憲法改正ということは、将来はやらなければならないだろう、しかしいますぐは早い」と述べつつ、ただ、今後「現実がどんどんすすんで」いって、「憲法と現実とのずれ」が「はなはだしく」なっていった場合には、「いっそ憲法を改正するという手段に訴えて、国民に判断してもらう、そうして国民の判断に従うという態度をとる方がいいのではないかというふうにも考えております」と述べていた（同・政治と憲法一九四頁以下）。その後、宮沢は、一九七三年に、「自衛隊が合憲だという結論を、なんらかの『詭弁』らしいものを持ち出さずに、合法的に実現する道は、ただひとつ、憲法を改正して『陸海空軍その他の戦力』の保持禁止を解除することである」（同・注（15）四五三頁）と主張し、一九七八年には、「憲法を裏からもぐるよりは、本当に改正の必要な点があれば、表からその改正を唱えるほうがいい。そのことを憲法は教えていると思う」と説いている（宮沢〔芦部補訂〕・全訂日本国憲法「全訂版はしがき」二頁）。ちなみに、宮沢が憲法九条の改正に慎重であった最大の理由が軍国主義の復活に対する懸念であったとすれば、もし宮沢が今日生きていたら、議会政治が衰退している今日の状況にかんがみ、軍国主義の復活に対する強い懸念から、憲法九条の改正ではなく、非武装規定としての憲法九条をもって同条の実定性を維持しつつ軍備の保持を認める規定とみる立場（国家目標規定説）を選択したのではないかと推測される。なお、憲法九条を国家目標規定とみる説については、小山剛・基本権の内容形成（尚学社・二〇〇四）二九五頁、岩間「憲法九条についての若干の考察」【本書七二頁以下所収】を参照。

（17） 憲法九条については、通説および政府解釈のように憲法九条を通常の憲法規定とみる立場にたった場合には、宮沢の主張は原則として妥当である。しかし、憲法九条は理想を定めた規定あるいは非武装を可能にする国際社会の形成を我国の目標とし、そうした目標を達成することを国の責務とする規定とみる立場（国家目標規定説。私はこの立場を支持する）にたった場合には、そうした理想ないし目標が間違っていると判断される場合にのみ憲法九条は改正される必要があることになろう。

（18） 自民党の憲法改正素案では、国会議員の任期を定める憲法四五条と四六条の例外として、次のように特例的に国会議員の任期延長を可能とする規定が設けられている。すなわち、「大地震その他の異常かつ大規模な災害により、衆議院議員の総選挙又は参議院議員の通常選挙の適正な実施が困難であると認めるときは、国会は、法律で定めるところにより、各議院の出席議員の三分の二以上の多数で、その任期の特例を定めることができる」。

（19） もとより、憲法九六条にもとづいて憲法規範の例外ないし特例を設けることは許される。ちなみに、ワイマール憲法のもとで、憲法規範の例外ないし特例を設けるような場合を「憲法破毀」（Verfassungsdurchbrechung）とよび、憲法条項の変更を意味する「憲法改正」（Verfassungsänderung）から区別したのは、シュミット（C. Schmitt, Verfassungslehre, 4. Aufl. (1965) S. 99-100；カール・シュミット（尾吹善人訳）・憲法理論（創文社・一九七二）一二八—一二九頁）であり、こうした区別は、当時、レーベンシュタイン（K. Loewenstein, Erscheinungsformen der Verfassungsänderung (1931) S. 243 ff.）やライプホルツ（G. Leibholz, Die Verfassungsdurchbrechung, AöR NF Bd. 22 (1932) S. 2 ff.）等によっても認められた。この点の詳細については、岩間・注（1）七一頁以下、一六八頁以下。

（20） たとえば、自民党の憲法改正素案で特例として国会議員の任期延長が認められる「緊急事態」として「大地震その他の異常かつ大規模な災害」のみが定められている。しかし、国際情勢が極度に緊迫している事態においても任期延長は問題となりうるが、改正案が濫用防止の観点から要件を限定しているとすると、「異常かつ大規模な災害」以外の場合については、別途、憲法改正により特例規定を設ける必要があることになり、そうした場合、憲法典は極めて煩雑なものとなるであろう。

（21）　清宮四郎・憲法Ⅰ〔第三版〕（有斐閣・一九七九）二〇三頁。また、佐藤幸治も、憲法四一条の「最高機関性の宣言」は「権限所属が不明確な場合には国会にあると推定すべき根拠となる」と説く（佐藤幸治・憲法〔第三版〕（青林書院・一九九五）一四三－一四四頁）。なお、芦部は、所属不明の「法定立的権能」の国会への帰属の根拠を国会の国民代表機関性に求める（芦部信喜〔高橋和之補訂〕・憲法〔第七版〕（岩波書店・二〇一九）三〇五頁）。

（22）　憲法規範の例外ないし特例を設ける権限が濫用される危険性があることを示した例として、ワイマール憲法下の大統領の任期延長計画がある。すなわち、一九三二年の任期満了に伴う大統領選挙にさいし、当時急速に勢力を拡大しつつあったナチス党党首ヒトラーの大統領選出を阻止すべく、当時の政府は、緊急事態を根拠として、議会の議決によって、大統領ヒンデンブルクの任期を延長することを試みた。こうした試みにたいして、学説では、ケルロイターにより同試みを違憲とする見解（O. Koellreuter, Verfassungstheoretische Bemerkungen zur Gültigkeit der geplanten parlamentarischen Reichspräsidentenwahl 1932, AöR NF Bd. 22 (1932) S. 136）が主張された一方、同試みを憲法上許される「憲法破毀」として支持する見解も主張された。たとえば、ライプホルツは、「具体的個別的憲法破毀」は「一般的抽象的に構成されざるをえないという憲法の性質」に照らして「不可避的」なものだとしつつ、そうした「憲法破毀」を無制約に認めることは「法治国的憲法概念」に反するとし、「恣意の禁止」に反しない「憲法破毀」のみが許されるとする。そして、こうした立場にたって、一九三二年の大統領の任期延長計画は「具体的個別的憲法破毀」を内容とするが、「政治的緊急事態」にもとづくから「恣意の禁止」に反しないとして、上記計画を合憲とした（G. Leibholz, a.a.O., S. 2f.）。なお、右の試みは、ナチス党等の強い反対により、議会で必要な多数を獲得することができずに挫折し、一九三二年に大統領選挙は実施され、反ナチス勢力が推したヒンデンブルクの勝利に終わった。この大統領の任期延長計画については、岩間・注（1）一七二頁以下参照。

（23）　安倍晋三国務大臣は、二〇〇六年三月一日の衆議院予算委員会で、次のように答弁している。「憲法第四条によりまして、天皇は国政に関する権能を有しないこととされていることから、天皇が国政に関与したと解されるようなことが生じないように十分慎重な配慮が求められるわけでありまして、皇位継承制度は国会で議決される法律に定められたものでありまして、まさに国政にかかわる問題である、このように認識をしております。したがって、有識者会議においては、皇位継承制度のあり方について天皇陛下や皇族方のお考えを伺うことは、天皇陛下や皇族方が国政に関与したと見られることになりかねないために、差し控えたものであるというふうに承知をしております」（衆議院予算委員会第一分科会議録第二号二六頁）。

（24） 園部逸夫は、天皇の「譲位の意思表示」は「憲法四条が定める国政とは次元が異なる問題」で「国政には当たらない」としつつ、仮に憲法四条にいう「国政」に当たるとしても「人道上の観点」から「憲法上認められる」と述べているが（「天皇の公務の負担軽減等に関する有識者会議」第五回会議議事録平成二八年一一月三〇日三四－三五頁）、この見解の後半部分は、国民の最大公約数的な気持ちを表現したものといえる。

（25） レーベンシュタインは、「憲法規定の一般的効力が制限され例外が形成される場合」と定義する「憲法破毀」を憲法の性質上不可避だとしつつ、憲法の不可侵性の理念を維持するという観点から、「憲法破毀」が許されるのは、憲法典の中に予め例外規定が定められている場合と憲法典の中に定められた授権規定にもとづいて例外が定められる場合に限定する（K. Loewenstein, a.a.O., S. 243 f. 294）。

Ⅶ　憲法の最高法規性と改正

一　条文の趣旨・沿革

近代の自然法思想にもとづいて成立した立憲主義の理念は、すべての個人が生まれながらにしてもつ基本的人権を最高の価値とし、それを保障するために国民によって制定された憲法に国家権力を服せしめるとともに、国民に憲法の最後の番人の役割を期待することを本質とする。日本国憲法は、こうした立憲主義の理念を基本的に継承して、九八条一項で、憲法がすべての国家権力を拘束する国の最高法規であることを宣言するとともに、九七条で、憲法の最高法規性の実質的根拠が基本的人権の保障にあることを明らかにし、九九条で、国政担当者に対して憲法尊重擁護の義務を課すことにより、国政担当者が憲法に拘束されることを確認すると同時に、九六条で、慎重な憲法改正手続を定めることにより、憲法が時代の変化に適応していく途を開く一方、国家権力による憲法の安易な変更を防止し、また、憲法改正の決定権を認めることによって国民に憲法の最後の番人の役割を委ねた。日本国憲法の最も重要な特徴のひとつが、第二次世界大戦後の自然法の再生による憲法の最高法規性と基本的人権保障の強化という国際的潮流を背景にしつつ、軍国主義をもたらした明治憲法下の政治に対する厳しい批判にもとづいて立憲主義を採用した点にあるとすれば、以上の四箇条は、こうした採用を明らかにした規定として重要な意義をもつ。

二　条文の読み方

1　九八条一項

本条にいう「最高法規」とは、「国内法形式の体系のうちでもっとも高い地位にあり、もっとも強い形式的効力を有する法形式[(1)]」を意味すると解されているが、日本国憲法はいかなる意味で「もっとも高い地位」にあるとされているのかが問題となる。

近代の西欧で形成された立憲主義には、法理的にみると、二つの類型がある。①ひとつは、前国家的な基本的人権の存在を認め、それを保障するために国民が制定した憲法によって国家権力（国家）は創設されたとみる。ここでは、国家権力は憲法によって付与された権能のみをもつから、憲法上の根拠がないかぎり国家権力は活動することは許されず、また、憲法は国家権力を創設する法規範であるから、国家権力たる立法権によって制定される法律に優位し、その結果最も強い形式的効力をもつことになる。近代の自然法思想にもとづく憲法がここに属する。②もうひとつは、最高絶対の統治権力（国家権力）をもつ国家が憲法以前に存在することを認め、そうした国家権力が自らの権力行使を制限するために憲法を制定したとみる。ここでは、法理上は憲法により制限されていないかぎり国家権力は活動することが許されることになり、また、国家権力〈国家〉によって制定されたという点においては憲法も法律も性質を同じくし、規定する内容が重要であるために憲法改正手続は通常の立法手続よりも慎重にされ、そうした意味で憲法は法律よりも強い形式的効力をもつことになる。一九世紀のドイツの憲法や明治憲法がここに属する。日本国憲法は、前国家的な基本的人権の存在を認め、それを保障するために国民が制定した憲法によって国家権力は創設されたとする法理にもとづいており、前者の立場にたつ。したがって、憲法九八条一項は、憲法は基本的人権を保障しているという内容においてと同時に、右に述べた意味で「もっとも高い地位」にあり、それ故に最も強い形式的効力をもつことを宣言した規定ということになろう。

2　九七条

憲法は、本条を「最高法規」の章の冒頭に掲げることにより、基本的人権の保障が憲法の最高法規性の実質的根拠であることを明らかにした。また、本条は、「信託された」という表現により、国民が憲法改正の決定権をもつことの実質的根拠をも示している。

3　九九条

本条は、義務の主体として、国政権能をもたない天皇を明記する一方、前文等から憲法尊重擁護の義務を負っていると解される国民を明記していない。これは、①明治憲法下で国体の原理にもとづいて「現御神」として前かつ超憲法的存在であった天皇も、日本国憲法のもとでは憲法に服する存在となったことを宣言し、②憲法の本質を「君主治国ノ大法」に求め、「憲法法律ハ君主ノ命スル所ニシテ臣民ノ服従スヘキ所トス」（穂積八束）とする明治憲法下の法治主義の観念を否定して、日本国憲法が前述した立憲主義を採用したことを明らかにするとともに、③日本国憲法が国民に憲法に対する忠誠を要求するという「たたかう民主主義」を排する立場を採用したことを示す。(2)

4 九六条

(1) 「憲法改正」という言葉は、憲法典が定める憲法規範の内容を変更するという意味と、憲法典が定める条文を形式的に変更するという意味で使用されるが、本条にいう「憲法改正」は両方の意味を含む。したがって、本条は、憲法典が定める憲法規範の内容を変更する場合には、本条が定める憲法改正手続を遵守し、かつ、憲法の条文を変更して行われなければならない、ということを定めていることになる。

ところで、憲法典が定める憲法規範の内容は、解釈（特に有権解釈）によっても変更されうる。このため、解釈によって憲法規範の内容を変更することが認められるかどうか、また、どの程度まで認められるのかが問題となる。この問題は、日本国憲法のもとではどのような解釈方法を採用するのが適切かという問題と関連する。一般に、憲法の解釈方法としては、条文の文言を重視して厳格に解釈する方法と、条文の趣旨や精神を重視して比較的弾力的に解釈する方法がある。わが国では、概ね一九六〇年代ごろまでは前者が有力であったが、今日では後者が有力となっている。もとより、弾力的解釈といっても成文法の解釈である以上限界があり、立憲主義の精神、何が憲法規範であるかを明示することを狙いとする成文憲法主義の趣旨、慎重な憲法改正手続を定め、特に憲法改正の決定権を国民に留保した趣旨に照らして、少なくとも憲法の正文に正面から反するような解釈や憲法規範の重要な変更を内容とする解釈は解釈の限界を超えるものと解される。そして、こうした解釈の限界を超えるにもかかわらず、憲法改正が困難であるという理由から、解釈の変更によって事態に対処するならば、そうした「便法の易きにつくことは、法の解釈は無限であるという命題を、文字どおり、承認すること」で、「結局において、法の解釈の存在を、したがって法の存在を無意味にしてしま」い、「法の支配」と立憲主義の終焉をもたらすことになろう。こうしたことから、宮沢は、「憲法を裏からもぐるよりは、ほんとうに改正の必要な点があれば、表からその改正を唱えるほうがいい。このことを憲法は教えている」と説いているが、この言葉は、憲法学を含む明治以来の憲法政治にみられる根本的な問題点を指摘した言葉として重要である。[3] [4]

(2) 本条により憲法改正手続を改正することは許されるか。そうした改正は法論理的に不可能とする主張もみられるが、通説は、改正手続の「基本」に触れないかぎり、許されるとする。もっとも、国民投票はこうした「基本」に属するから、その廃止は許されないと解されている。また、発議要件を緩和すること（たとえば、「各議院の総議員の過半数の賛成」とすること）については、通説は、法理上は可能としつつも、消極的である。①憲法は各院が重要事項を決定する場合には三分の二以上の多数の同意を要求しているが、改正案の内容の確定は最重要事項であること、②わが国で憲法改正が実現されていない主たる原因は主張されてきた改正案の内容にあること、③発議要件を緩和することによって憲法改正を実現することは、「改正憲法を不安定な政治的緊張の中におく危険性がある」ことからすれば、通説が妥当であろう。[5] [6]

（1）宮沢俊義（芦部信喜補訂）・全訂日本国憲法（日本評論社・一九七八）八〇一頁。
（2）佐藤幸治・憲法〔第三版〕（青林書院・一九九五）四六頁。
（3）宮沢俊義・憲法論集（有斐閣・一九七八）四七三頁。
（4）宮沢〔芦部補訂〕・注（1）「全訂版はしがき」二頁。
（5）芦部信喜・憲法制定権力（東京大学出版会・一九八三）五五頁。
（6）芦部・注（5）八〇頁。

（法学教室四〇五号〔二〇一四年〕）

Ⅷ　参議院選挙区選挙の一票の最大較差四・七七倍を違憲状態とした事例

（平成二六年一一月二六日最高裁判所大法廷判決（平成二六年（行ツ）第一五五号・第一五六号選挙無効請求事件）民集六八巻九号一三六三頁、判例時報二二四二号二三頁）

【事実】

本件は、平成二五年七月二一日施行の参議院議員通常選挙（選挙当時の選挙区間の最大較差は四・七七倍）について、東京都選挙区及び神奈川県選挙区の選挙人であるXらが公職選挙法（以下、「公選法」という）一四条、別表第三の参議院議員の議員定数配分規定は憲法一四条一項等に反し無効であるから、これにもとづいて施行された本件選挙の上記各選挙区における選挙も無効であると主張して提起した選挙無効訴訟である。原審（東京高判平成二五・一二・二五判例時報二二一五号七二頁）は本件配分規定を違憲としつつ、事情判決の法理を適用して選挙を有効とし、当該選挙区における選挙が違法であることを主文において宣言した。これに対して、XらとYら（東京都選挙管理委員会等）の双方から上告されたのが本件である。

【判旨】

原判決を変更してXらの請求を棄却するとともに、Xらの上告を棄却。

一 「憲法は、選挙権の内容の平等、換言すれば、議員の選出における各選挙人の投票の有する影響力の平等、すなわち投票価値の平等を要求している」。「しかしながら、憲法は、国民の利害や意見を公正かつ効果的に国政に反映させるために選挙制度をどのような制度にするかの決定を国会の裁量に委ねている」から、「投票価値の平等は、選挙制度の仕組みを決定する唯一、絶対の基準」ではなく、「国会が正当に考慮することができる他の政策的目的ないし理由との関連において調和的に実現されるべきものである。それゆえ、国会が具体的に定めたところがその裁量権の行使として合理性を有するものである限り、それによって投票価値の平等が一定の限度で譲歩を求められることになっても、憲法に違反するとはいえない」。

二 憲法は、「二院制の下で、一定の事項について衆議院の優越を認める反面、参議院議員につき任期を六年の長期とし、解散もなく、選挙は三年ごとにその半数について行うことを定めている」。「その趣旨は、立法を始めとする多くの事柄について参議院にも衆議院とほぼ等しい権限を与えつつ、参議院議員の任期をより長期とすること等によって、多角的かつ長期的な視点からの民意を反映させ、衆議院との権限の抑制、均衡を図り、国政の運営の安定性、継続性を確保しようとしたものと解される。いかなる具体的な選挙制度によって、上記の憲法の趣旨を実現し、投票価値の平等の要請と調和させていくか」は、「国会の合理的な裁量に委ねられている」が、「その合理性を検討するに当たっては、参議院議員の選挙制度が設けられてから六〇年余にわたる制度及び社会状況の変化を考慮することが必要である」ところ、「急速に変化する社会の情勢の下で、議員の長い任期を背景に国政の運営における参議院の役割がこれまでにも増して大きくなってきている」ことに加えて、衆議院について、「投票価値の平等の要請に対する制度的な配慮として、選挙区間の人口較差が二倍未満となることを基本とする旨の区割りの基準が定められていることにも照らすと、参議院についても、二院制に係る上記の憲法の趣旨との調和の下に、更に適切に民意が反映されるよう投票価値の平等の要請について十分に配慮することが求められる」。

三 「憲法の趣旨、参議院の役割等に照らすと、参議院は衆議院とともに国権の最高機関として適切に民意を国政に反映する機関としての責務を負って」おり、「参議院議員の選挙であること自体から、直ちに投票価値の平等の要請が後退してよいと解すべき理由は見いだし難い」。殊に、昭和五八年の判決は、「上記の選挙制度の仕組みに関して、都道府県が歴史的にも政治的、経済的、社会的にも独自の意義と実体を有し、政治的に一つのまとまりを有する単位として捉え得ることに照らし、都道府県を各選挙区の単位とすることによりこれを構成する住民の意思を集約的に反映させ得る旨の指摘をしていたが、この点についても、都道府県が地方における一つのまとまりを有する行政等の単位であるという限度において相応の合理性を有していたことは否定し難いものの、これを参議院議員の各選挙区の単位としなければならないという憲法上の要請はなく、むしろ、都道府県を各選挙区の単位として固定する結果、その間の人口較差に起因して上記のように投票価値の大きな不平等状態が長期にわたって継続している状況の下では、上記の都道府県の意義や実体等をもって上記の選挙制度の仕組みの合理性を基礎付けるには足りなくなっている」。「以上に鑑みると、人口の都市部への集中による都道府県間の人口較差の拡大が続き、総定数を増やす方法を採ることにも制約がある中で、半数改選という憲法上の要請を踏まえて定められた偶数配分を前提に、上記のような都道府県を各選挙区の単位とする仕組みを維持しながら投票価値の平等の実現を図るという要求に応えていくことは、もはや著しく困難な状況に至っている」。

四　参議院議員の選挙制度については、「国民の意思を適正に反映する選挙制度が民主政治の基盤であり、投票価値の平等が憲法上の要請であることや、さきに述べた国政の運営における参議院の役割等に照らせば、より適切な民意の反映が可能となる」よう「国会において、都道府県を単位として各選挙区の定数を設定する現行の方式をしかるべき形で改めるなどの具体的な改正案の検討と集約が着実に進められ、できるだけ速やかに、現行の選挙制度の仕組み自体の見直しを内容とする立法的措置によって違憲の問題が生ずる前記の不平等状態が解消される必要がある」。

本判決には五裁判官と一裁判官の各補足意見と四裁判官の各反対意見がある。

【評釈】

一

参議院議員の定数訴訟に関する従来の最高裁判決と比較した場合、本判決の特徴は以下の点にある（本判決の内容は平成二四年の最高裁判決〔最大判平成二四・一〇・一七民集六六巻一〇号三三五七頁〕を基本的に継承したものであるが、ここでは、本判決について検討する)。第一に、参議院の選挙制度の仕組みの決定にあたっては、投票価値の平等が一層重視される必要があるとしていることである。その理由として、本判決は、①民意を適正に反映する選挙制度が民主政治の基盤であること、②投票価値の平等は憲法上の要請であること、③参議院は衆議院とともに国権の最高機関として民意を国政に適切に反映する機関としての責務を負っていること、④国政運営における参議院の役割がこれまでにも増して大きくなってきていること、⑤参議院議員の選挙であること自体から直ちに投票価値の平等の要請が後退してよいと解すべき理由は見いだし難いことを挙げている。第二に、都道府県を選挙区の単位とする地域代表の要素を「正当に考慮すること」ができる「政策的目的ないし理由」と認めることは困難としていることである。判決は、その理由として、①都道府県をもって参議院議員の各選挙区の単位としなければならないという憲法上の要請はないこと、②むしろ、都道府県を各選挙区の単位とする選挙制度の仕組みが投票価値の大きな較差を生じさせる要因となってきたこと、を指摘している。

こうした本判決の法理については、以下の点が問題となる。第一に、判決の趣旨からすると、投票価値の平等を徹底すればするほど民意の適切な反映が実現されるとしているようであるが、そういえるのか、第二に、判決は都道府県を「参議院議員の各選挙区の単位としなければならないという憲法上の要請」はないとするが、そのようにいいきれるのか、という点である。そして、これら二点は、結局のところ、参議院の選挙制度の仕組みの決定にあたって、都道府県を選挙区の単位とする地域代表の要素をも考慮に入れることが憲法上要請されていると解しうるか、という点に帰着するように思われる。そこで、以下、この点を中心に検討するが、結論を先にいえば、そうした憲法上の要請は存在すること、のみならず、同要請は衆議院についても妥当する、ということである。以下、その根拠について、事実上の根拠と憲法上の根拠に分けて説明する。なお、「地域代表」という場合、厳格な意味では、近代以前の観念、すなわち、①選挙区を選挙権の主体と考え、議員数はそうした選挙区にその勢力に応じて配分されること、②議員は選挙区ごとに選出されること、③選出された議員は当該選挙区の代表として選挙区の指図に法的に拘束されること（強制委任）、を内容とする観念を意味する。[1] しかし、このような地域代表の観念は、憲法四三条一項の国民代表の観念に反すると解されるから、学説及び判例では、同観念はゆるやかな意味で、すなわち、選挙区の住民の意思を集約して議会に反映しつつも、議員はそうした住民の意思には法的には拘束されないこと（自由委任）を内容とする観念として使用されている。以下でも、そうした意味で使用する。

二

1 事実上の根拠

(1) 選挙区への議員定数配分にあたって投票価値の平等とそれにもとづく人口比例主義を唯一の基準とすべきだとする今日のわが国で有力に主張されている立場（以下、「個人代表主義」という）や、今日多くの国でみられる地域を基準とする選挙区制は、ゆるやかな意味の地域代表の考え方と事実上密接に結びついていることである。以下、選挙区、選挙区制、人口比例主義について検討する。

(ア) 選挙区　(i) 宮沢は、「国家の組成者として個人のみを眼中におき、その個人の民主主義的参政の実現を期する政治原理」を意味する「人格主義」を現代選挙法の原理とする。そして、この「人格主義」の特徴として、①自然法的個人主義に由来すること、②選挙権は、国家の成員としての立場に着目して個人に付与されること、③各人の「選挙権の価値」の平等を意味する平等選挙制と各選挙人の「投票価値が平等な効果を有つこと」は、人格主義の論理的帰結であること、④選挙制度としては、全国を一選挙区とする比例代表制が理想的であること、⑤選挙区法定主義（選挙区の画定を法律で定めるとする主義）と行政区画主義（選挙区を行政区画と一致させる主義）は、立法府と行政府の恣意（ゲリマンダリング）の防止を目的とするものであること、を指摘している。(2)

(ii) ところで、宮沢のいう人格主義の立場からすれば、選挙区は便法として「選挙が行われる区域」にすぎない。(3) しかし、宮沢は、人格主義のもとでも、全国の選挙人を複数の選挙人団に区分するにあたっては住所等の「選挙人の関係する土地」を基礎として区分するのが「最も適当」とし、その理由として「人と土地との関係はある意味において全人格的である」ことを挙げている。(4) もっとも、いかなる意味で「全人格的」であるかは述べられていないので、推測すると、人が居住している「土地」とは、産業、気候、地形、歴史等を基礎として形成された、そこに居住する人々との繋がりを含む地域社会を意味するとみることができ、だからこそ、そうした「土地」とそこに居住する「人」との関係は「全人格的」となるのではないかと思われる。そうであるとすると、人格主義のもとでも、選挙区はたんなる便法としての区域ではなく、相互に緊密に結合した地域住民の集合体ということになり、したがって、選挙権も、国民としての地位のみならず、実質上地域住民としての地位にも着目して個人に与えられていることになる。それ故、宮沢によれば、選挙区は地域社会の利益を議会に反映させる役割を実質上期待された仕組みということになる。宮沢はいう。人格主義の立場からすれば、「全国を一選挙区とするのが理想」であるが、それは、「実行に適しない」のみならず、「現代選挙法は……政治上ある程度において議員が地方的利害を代表することを是認してゐるから、何れの国家においても全国を多数の選挙区に分つのが通常である」(5)。こうした意味で、選挙区は、人格主義のもとでも、地域代表の考え方と事実上密接に結びついていることになる。

(イ) 選挙区制　森口によれば、個人代表主義のもとでは、選挙区は単に選挙が行われる区域にすぎないから、議員の選出にあたっては、各人の投票は選挙区を超えて、最終的には全国的に集計されるべきことになる。しかし、選挙区制のもとでは、投票は選挙区ごとに集計され、選挙区単位で議員の選出が行われる(6)。つまり、議員を選出する権利は、選挙区制のもとでは、選挙区を構成する個人ではなく、選挙区を構成する地域社会に実質上付与されていることになる。その結果、個人代表主義のもとでも、議員は、選挙区制のもとでは、選出基盤たる地域社会の利益を事実上代表することになる。

(ウ) 人口比例主義　選挙区制のもとでは、議員定数は選挙区の勢力に応じて配分されるが、人口比例主義とは、選挙区の勢力を測定する基準を、選挙区の面積の大小等ではなく、非有権者を含む住民の数に求める考え方を意味する。こうした意味で、人口比例主義は、地域代表の観念と密接に結びついている。森口はいう。人口比例主義は、「議員をして其地方的利益を代表せしめる意味をかなり重要なる意味に於て加味して居る」ものので、「地域代表主義の延長」である(7)。

(2) 第二の事実上の根拠は、議会によって形成されるべき「一般意思」は、無から形成されるのではなく、「議員たちの出身母体の特殊利益」を構成要素として形成される、ということである(8)。

(3) 第三の根拠は、人口比率のみによって議員定数の配分を行うことは、地域間の住環境等の格差を拡大する可能性をもつことである。すなわち、今日のわが国社会の特徴のひとつは、原発関連施設や軍事基地等を主として地方に配置し、地方住民にリスクを負担させる一方、その恩恵を享受している大都市に人口が集中していることである。したがって、こうした社会に人口比例主義を適用した場合には、大都市に多くの議員が配分されることになり、しかも議員は自己の選挙区の利益を事実上代表する傾向にあるとすると、住環境等に関する大都市と地方の間の格差は一層拡大し、事実上著しく不平等かつ不公正な社会が形成されることになろう。(9) ちなみに、大都市集中型社会のもとでは、非有権者が大都市に多くなる可能性が高いことから、人口比例主義は投票価値の平等を侵害している可能性があることに留意すべきである。

2 憲法上の根拠

両院の選挙制度の形成にあたっては、原則として都道府県を基礎とした地域代表の要素をも尊重して行われることを憲法は要請していると解する憲法上の根拠としては、以下の点を指摘することができる。

(1) 第一に、憲法解釈上の根拠としては、憲法四三条一項にいう「国民代表」の観念をあげることができる。学説では、同項にいう「国民代表」の観念は「民意の反映」と「民意からの独立」(自由委任)という二つの要素からなると解されているが、芦部は、「民意の反映」は地域的利益の反映を含むと主張する。すなわち、芦部によれば、憲法四三条一項にいう「代表」の観念は、「国会が国民代表であるためには、選挙において表明される国民意思を国会はできるかぎり忠実に反映し、国内の地域的・社会的および経済的諸利益の公正な、かつ均衡のとれた代表が確保されていなければならない」という社会学的代表を意味する。[10] このように、「国民代表」を社会学的代表の意味に解する場合には、憲法四三条一項は両院への地域的利益の反映を要請していることになる。周知のように、芦部は「投票価値の平等」を憲法原則と位置づけ、許容しうる最大較差を一対二とする立場を主張する。しかし同時に、投票価値の平等を限りなく一対一に近づけるべきであるとする説を次のように批判する。「わが国の選挙制度が、伝統的に、地域を基準として選挙区を画定する方式を採り、その場合、都道府県、市町村および特別区などの地方公共団体や郡の区域が基準とされてきたこと……、この区域は尊重に値し、それを基準とする選挙区の画定には十分合理性が認められること、したがって、選挙制度は『公正かつ効果的な代表』を実現することが求められ、非人口的要素をすべて考慮の外におく機械的な定数配分は望ましい形態とは言いがたい」。[11] こうした立場からすれば、「投票価値の平等」の徹底だけでは民意の適切な反映が実現されるわけではないことになる。芦部説をもって妥当とすべきであろう。

(2) 第二に、憲法が保障する地方自治を強化することにより、個人の自由の保障に資することである。周知のように、地方自治の制度は、民主主義の基礎をなすと同時に、中央集権主義を抑制し、個人の自由の保障に資する側面をもつ。ナチスが、政権掌握後、授権法にもとづいて直ちにラントの自治権を否定する「均制化」(Gleichschaltung)を遂行したのは、地方自治のもつ自由保障機能を象徴的に示している。ところで、この自由保障機能は、中央権力の強大化が不可避的に進行する現代のリスク社会のもとで益々重要となるが、地方自治は「事実上住民が経済的文化的に密接な共同生活を営み、共同体意識をもっているという社会的基盤」[12] をもった地域社会の存在を前提とする。日本国憲法のもとでは、都道府県がそうした地域社会としての要件を充足していると解されており、[13] 両院の選挙制度が都道府県を単位とする場合には、こうした社会的基盤の強化に資することになろう。[14]

(3) 第三に、議会の統合力を強化し、憲法が定める議会制の維持に資することである。というのも、議会制が機能するためには、議会が国民全体を統合する力をもつことが必要不可欠である。そして、そうした統合力にとって、国民が議員を介して議会と一体感をもつことが大切であるが、一体感の形成にとっては、自らが所属する地域社会から議員が選出されているということが重要だからである。

(4) 第四に、国民に自己が属する地域社会の問題について意思表明する機会を保障するという、今日の国政選挙権に事実上期待されている役割に適合していることである。周知のように、わが国の国政選挙は、建前としては、主権者たる国民が国政レベルでの政策や政権担当政党を選択する機会である。しかし、実際には自己が属する地域社会の問題について意思表明をする機会でもある。特に、今日では、国政選挙は、地域の重要問題（原発関連施設の設置や基地問題）について、地域住民が意思表明をする重要な機会となっている。このことは、国政選挙権が、国政について意思表明する権利と地域の問題について意思表明する権利という二重の性質を実質上もっていることを示している。いずれにしても、国政選挙が実際に果たしている機能は、両院の選挙制度の形成にあたって地域代表の要素が尊重されることを憲法が要請していると解する重要な根拠となろう。

三

以上に関連して、いくつかの点について、私見を簡単に述べておきたい。

1　投票価値の平等

憲法が投票価値の平等を要求していることについては異論はみられない。もっとも、投票価値の平等の意味については、検討を要する。通説及び判例は、憲法が保障する選挙権の平等には投票価値の平等も含まれるとし、投票価値の平等を「各投票が選挙の結果に対してもつ影響力の平等」[15]あるいは「議員の選出における各選挙人の投票の有する影響力の平等」（判旨一）と定義する。しかし、そこで主張されている投票価値の平等は、比例代表制を要求するものとして理解されていないのはもとより、投票率の相違から生じる選挙区間の当選者の得票数の不均衡を問題とするものでもなく、もっぱら選挙区への議員定数配分の基準としての人口比例主義を要求するものとして使用されているにすぎない。こうした点からすれば、いうところの投票価値の平等とは、内容からすれば選挙権の価値の平等を意味しているように思われる。

2　選挙制度

前述した代表観念を前提とすれば、憲法四三条一項にいう「全国民を代表する」議員とは、選挙で表明された民意（有権者が国政問題について表明した意思と地域の問題について表明した意思）を尊重しつつ、最終的にはそうした民意から独立して何が国民全体の利益かを自ら判断することができる議員を意味する（そうした意味では、憲法は両院ともに「理性と良識の府」であることを要求していることになる）。だとすると、選挙制度は、両院ともに、こうした議員を選出するのに相応しい制度である必要がある。こうした観点だけから判断すれば、両院の選挙制度としては、有権者が所属政党のみならず、人物をも基準にして選択できるような制度が望ましく、原則として都道府県を単位とする中選挙区制が妥当であるように思われる。

3　両院制

日本国憲法が採用した両院制の狙いは、民意による民意の抑制により、国会の意思決定が慎重に行われることを確保することにある。つまり、衆議院に直近の民意を代表させ、参議院には長期的な民意を代表させ、後者によって前者を抑制させようとすることを狙いとしているとみることができる。(16) これは、憲法が、国民主権主義にもとづいて、民意を抑制することができるのは民意のみであるとする立場にたち、基本的には民意を信頼しつつも、ナチスの体験から、一時的な民意に対して警戒する立場をとっていることを示している。そうだとすると、両院の選挙制度は基本的に同じものである必要がある。というのも、参議院に表明された民意が衆議院に表明された民意を抑制することができるためには、同じ正当性をもつ必要があるからである。したがって、しばしば主張されているように、参議院を「地域代表の府」とすることは、必然的に参議院の地位の低下と権限の縮小を随伴し、憲法が定める両院制の狙いに反することになろう。

解される。

4 許容較差

地域代表の要素が憲法上の根拠をもつとすれば、現行選挙制度のもとでの人口偏差は、衆議院については一対二まで、参議院については、半数改選制と議員定数が少ないことにかんがみ、一対四程度まで許容されると解される。

(1) 参照、森口繁治・選挙制度論（日本評論社・一九三一）一八五頁以下。
(2) 宮沢俊義・衆議院議員選挙法（出版社不明・一九二九）一五九頁以下。なお同内容のものとして、同・選挙法要理（一元社・一九三〇）があるが、以下での引用は『衆議院議員選挙法』による。
(3) 参照、森口・注（1）一八五頁以下。
(4) 宮沢・衆議院議員選挙法二〇一頁。
(5) 宮沢・衆議院議員選挙法二〇一頁。
(6) 森口・注（1）一八五頁以下。
(7) 森口・注（1）二一七–一八頁。
(8) 長谷部恭男「世代間の均衡と全国民の代表」奥平康弘＝樋口陽一編・危機の憲法学（弘文堂・二〇一三）二一九頁。
(9) 参照、芦部信喜＝京極純一「対談 議員定数配分の条理と法理」法律時報三六巻五号（一九六四）三七頁以下、新井誠「衆議院議員小選挙区選挙の『一人別枠方式』の違憲状態と立法裁量統制」法律時報八三巻七号（二〇一一）三頁。
(10) 芦部信喜・憲法と議会政（東京大学出版会・一九七一）四〇九頁以下。
(11) 芦部信喜・憲法学Ⅲ 人権各論（1）〔増補版〕（有斐閣・二〇〇〇）七四頁。
(12) 最大判昭和三八・三・二七刑集一七巻二号一二一頁。
(13) 芦部信喜（高橋和之補訂）・憲法〔第六版〕（岩波書店・二〇一五）三六八頁。なお、参照、塩野宏・国と地方公共団体（有斐閣・

一九九〇）二七八頁以下。

（14）　このことは、もっぱら人口比例を根拠とした合区は社会的基盤を弱める危険性をもつことを意味する。もっとも、合区がすべてこうした危険性をもつかどうかは具体的事例に即した慎重な検討を要する。たとえば、広域行政の要請に応ずるために、「自然条件および社会経済的条件」上「緊密な一体的性格」を有する愛知・岐阜・三重の東海三県を統合する構想について、田中二郎・成田頼明・塩野宏作成の「東海三県統合構想」（中部経済連合会・一九六三）を参照。

（15）　芦部・注（13）一四一頁、最大判昭和五一・四・一四民集三〇巻三号二二三頁。

（16）　代表における「刹那」と「長期」については、只野雅人「両院制と選挙制度」論究ジュリスト五号（二〇一三）六六頁以下参照。

（自治研究九二巻五号〔第一法規・二〇一六年〕）

第二部

IX　憲法改正手続

【設問】

つぎのような手続による憲法改正の発議は、憲法上どのように評価されるべきか。

(1)　内閣が、その諮問機関である憲法問題調査会の答申にもとづいて、改正原案を衆議院に提出し、

(2)　衆議院・参議院は、それぞれ、欠員を差し引いた在職議員の総数の三分の一の出席でこれを審議し、かつその三分の二以上の多数でこれを可決した。

一

日本国憲法は、憲法改正についてとくに一章を設け、改正手続として、国会による発議と国民による承認を定める（九六条一項）。本設問は、この内、国会による発議にかかわるものである。

二

設問⑴は、内閣が憲法改正原案（以下、改正原案と略称）を作成し、国会に発案することが憲法上許されるかどうかを問うものである。

1　憲法は、国会が憲法改正を「発議」する旨定める。ここにいう「発議」とは、国民投票に付すための憲法改正案を決定することをいう。ところで、このような発議が成立するためには、その前に改正原案がいずれかの議院に提出ないし発案されることが必要である。外国憲法の中には、たとえば一九四六年のブラジル憲法のように、「改正に関する提案は、下院又は上院の議員の四分の一以上によって提出される」（二一七条）として、改正原案の発案権者を明示しているものも例外的ながらみられるが、日本国憲法にはかような明文規定はみられず、このため発案権の所在をめぐって学説上解釈の対立が生じている。

2　(1)　各議院の議員が他の一般の議案についてと同様に改正原案についても発案権をもつことについては異論はみられない。もっとも、憲法上は一人の議員による発案も可能であろうが、国会法上法律案についても一定数の議員の賛成が必要とされていること（五六条一項）などから、一定数の議員による共同提案とすることが望ましいとする見解が有力である。(1)　一九五四年に衆議院事務局が作成した国会法改正要綱試案が、「憲法改正の議案は、いずれかの議院の総議員の三分の一以上の議員が連名で発議することを要する」（一条）と定めていたのもこの趣旨によるものであろう。

(2)　これにたいして、内閣が発案権をもつか否かについては、説が分かれている。

肯定説には、主たる根拠を基準として、次の二説がある。第一説は、法律案の発案権と改正原案のそれとを基本的に同列に考え、法律案と同様に改正原案も憲法七二条にいう「議案」に含まれると解して、内閣の発案権を積極的に肯定する説である。(2) 政府もこの立場にたつ。(3) 第二説は、憲法は内閣の発案権を要求も否認もしておらず、その解決を法律に委ねていると解して、消極的ながら容認する説である。この説は、内閣の発案権をかように容認することの主たる根拠として、立法技術的に施行の衝に当たる内閣からの発案が実際的にのぞましい場合が多いこと、内閣に発案権を認めても国会の自主的審議権を害するおそれはないこと、現行の議院内閣制のもとでは内閣の発案権を否認しても国務大臣は自ら議員としての資格でないしは与党議員を通して発案できるから実際上の効果は異ならないこと、といった諸点をあげる。(4)

否定説にも、主たる根拠を基準として、次の二説がある。第一説は、憲法改正も憲法四一条所定の「立法」に含まれ、かつ「立法」には発案も含まれると解することにより、内閣の改正原案発案権を否定する説である。(5) 第二説は、法律案の発案権と改正原案のそれとを基本的に区別し、前者については内閣の発案権を肯定しつつも、後者については、国民主権主義を採用しかつ憲法改正国民投票制を採用している憲法の精神からみて改正原案の発案権は国民代表の性格を有する国会議員の手に留保されていると解すべきこと、九六条所定の「発議」には発案も含まれると解すべきことを主たる根拠として内閣の発案権を否定する説である。(6)

3

(1)　内閣が改正原案の発案権をもつか否かに関する以上の諸説のうち、肯定説の立場にたてば設問(1)の手続は適法なものだということになろうが、問題は、否定説の立場にたった場合に、①内閣が改正原案を衆議院に提出したという点のみが違法となるのか、それとも②内閣がイニシアチヴをとって改正原案を作成すること、したがってまた、そのため諮問機関として憲法問題調査会を設置することも違法となるのかという点にある。学説はこの点について必ずしも明確ではないが、たとえば、「かりに内閣に……発案権がないとしても、国会議員たる国務大臣が、議員としての資格で、その属する議院に、実際的に内閣でつくった……憲法改正案なりを発案することはできる」[7]という表現から推察すると、概していえば多数説は①と解しているようである[8]。換言すれば、多数説は、改正原案の作成と提出を区別し、発案権をもって改正原案をたんに議院に提出する権限と解し、内閣はかような発案権の存否にかかわらず内閣として改正原案を当然に作成することができるということを暗黙に前提としているようである。そして、このような立場からすれば、発案権の所在についての論議は、内閣が自ら作成した改正原案を内閣として発案するか、国務大臣が議員として発案するかあるいは与党議員を通して発案するかというせいぜいのところ「法的名義をめぐる争い」にすぎないものとなり、その意味ではたしかに「実際には、あまり重要な問題ではない」（宮沢）あるいは「実益のない論議」（清宮）[9]ということになろう。しかし、前記②の立場、すなわち発案権をもって改正原案の作成権をも含むとする立場にたてば、設問のような手続は許されないことになり、したがって、発案権の所在をめぐる論議は決して「実益のない論議」とはいえないことになる。だとすると、問題は発案権をもって改正原案の作成権をも含むものと解するのが妥当かどうかということになろうが、日本で内閣の改正原案発案権が問題となるにいたった経緯――すなわち、一九五六年に憲法調査会法案が国会に提出され、改正原案の調査立案を任務とする同調査会を内閣に設置することが憲法上許されるかどうかが問題となったさいに、違憲合憲の論拠として内閣の発案権の存否が問題となったという経緯[10]――からすれば、発案権の所在をめぐる論議の核心は、改正原案を作成する権限を憲法上誰がもつかにあったというべきであり、したがって、少なくともこの点からすれば、「発案権」をもって改正原案の作成権をも含むものと解するのが妥当ではないだろうか。

(2) ところで、発案権をもって改正原案作成権をも含むと解する立場にたった場合、かような意味の発案権を内閣がもつかどうかが次に問題となる。内閣に発案権を肯定する前記肯定説の第一説は、憲法七二条は内閣が国会に提出できる議案の範囲を定める趣旨をもたないこと[11]、より根本的には立法権(立法)と憲法改正権(憲法改正)は、ドイツとは異なって、日本国憲法のもとでは質的に異なったものとされているとみるべきこと[12]から妥当とはいい難いが、しかし他方で、「発議」は発案をも含むと解することが困難である以上、内閣に発案権があるか否かについては「憲法の規定だけからは、どちらの解釈が正しいかを正確に結論することはむずかしい」[13]といわざるをえず、結局別の観点から決するほかはない。このような観点として、肯定説の立場から主張されるのは、立法技術的にみて内閣からの発案が実際的にのぞましい場合が多いこと(宮沢)、「むしろ、憲法改正の重要性に鑑み、内閣に発案権をみとめ、憲法調査会のような組織を内閣のもとに置くことを可能とさせ、それによって十分な検討と多くの意見を反映させた改正案を作成させる方法をとることが必要」[14]だという実際的考慮である。たしかに、日本の現状からみて、政党が党の機関として憲法調査会を設置して改正原案を作成する政党主導型に比べれば、右の内閣主導型の方が「多くの意見を反映させた改正案」を作成する方式としてすぐれているともいえようが、しかし、同様のことを、国会ないし議院が委員会を設置して改正原案を作成する国会主導型によって達成することも不可能ではなく、[15] のみならず、日本国憲法が予想している憲法改正が、内容的には憲法の基本原理を維持しつつそれを一層深化発展させるようなものであるとともに、手続的には、比較的硬い改正手続を定めていることからみて、少なくとも国会における主要政党の合意と多数の国民の基本的コンセンサスのもとで行われるようなものだとすれば、むしろ国会主導型の方が憲法が予想する憲法改正に適合した方式だともいえよう。いずれにしても、設問(1)の手続は、多数説の立場からすれば適法なものあるいは内閣が改正原案を自ら衆議院に提出したという点のみが違法ということになろうが、右に述べたことからすれば、内閣が主導して憲法改正をすすめること自体（これは明治以来一貫してとられてきた方式である）日本国憲法に適合した方式といえるか疑問というべきであろう。

三

設問(2)は、国会における改正原案の審議にさいしての議事の定足数と議決の要件を問うものである。

1　議事の定足数については、明治憲法は総員の三分の二と定めていたが（七三条一項）、現行憲法には別段の定めはなく、このため、憲法改正についても憲法五六条一項の原則を適用して、「総議員の三分の一」と解する説（清宮、橋本、佐藤功等）と、憲法改正の重要性等にかんがみ、「総議員の三分の二」と解する説（註解、小林（直）、伊藤）とに分かれているほか、そこにいう「総議員」の解釈についても説は分かれている。また、議決の要件についても、憲法は「各議院の総議員の三分の二以上の賛成」（九六条一項）と定めるが、そこにいう「総議員」の解釈について見解の対立がみられる。したがって、「総議員」をどのように解すべきかが設問(2)の解答のポイントとなろう。

2 (1) 「総議員」の意味について、学説は各議院の議員の法定数（公職選挙法に定める議員定数）と解する説（小林（直）、橋本、伊藤等）と、法定数から辞職・死亡等による欠員を除いた現に在職する議員の数と解する説（宮沢、清宮、註解、佐藤功、佐藤幸治等）とに分かれている。後説が、主たる論拠として、①法定数と解すると、欠員は常に反対票と同じに取り扱われることになり不合理であること、②日本国憲法の改正手続は諸外国のそれと比べて高度の加重性をもつから、少しでも要件をゆるめて解するのが妥当であること、をあげるのにたいして、前説は、①常に数が一定し、欠員をめぐる争いを回避できること、②憲法が改正手続を厳格にしているのは改正を慎重ならしめようとする趣旨にもとづくものであるから、これをゆるめて解するのは妥当ではないこと、③現に在職する議員の数と解すると、反対派議員を除名することによって必要な賛成を確保するという可能性が生ずることになること、を主たる論拠とする。

(2) この問題は、いずれに解しても、「実際にはさほどの相違がみられないことが多い」（清宮）問題であり、また、いずれの説にも利点と難点があるといえようが、次のような理由から法定数説をもって妥当としよう。第一に、日本国憲法が比較的硬い改正手続を定めているのは、同憲法が同じく憲法改正限界説の立場にたちながらとくにそれを保障する手段（たとえば、西ドイツにみられるような政党規制（基本法二一条二項））を採用していないことからすると、憲法の改正一般を慎重ならしめようとすることよりも、基本的人権の保障を中心とした憲法の基本原理の保障を主たる狙いとしたものとみるべきであり、だとすると、要件をゆるめて解するのは必ずしも妥当とはいい難いと思われることであり、第二に、日本のように憲法の基本原理そのものが鋭い政治的対立のなかにおかれているような社会的・政治的基盤のもとでは、とくに「憲法の安定性の要請を強く貫く必要」（芦部）があるのだとすれば、憲法改正はできるだけ幅広いコンセンサスのもとで行われることが望ましく、したがって、議決にさいして「欠員」が問題となるような場合には改正は強行されるべきでないということであり、第三に、在職員数説の論拠の一つとして、通例、日本国憲法の改正手続は「高度の硬性」であり、したがって、「改正をいちじるしく困難にしている」ことが指摘されるが、しかし、憲法改正の実際上の難易は、改正手続よりも、むしろ憲法の基本原理についての共通のコンセンサスの存否や当該社会の憲法観等の手続外的要因により強く依存するものだともいえようし、のみならず、そもそも日本国憲法が定める改正手続は諸外国のそれと比べて実際上はそれほど高度の硬性のものだとはいえないように思われる、ということである。(16)

3　いずれにしても、設問(2)の手続は、議事の定足数について三分の一説をとり、「総議員」を在職員数と解し、設問にいう「その三分の二」が「在職議員の総数の三分の二」を意味する場合にのみ適法となり、それ以外の場合には違法ということになろう。

（1）たとえば、清宮四郎・憲法Ⅰ〔第三版〕（一九七九）三九八頁。
（2）美濃部達吉・日本国憲法原論〔第五版〕（一九四九）一三七頁、佐藤功・ポケット註釈憲法（有斐閣・一九五五）五七一頁。
（3）山内一夫編・政府の憲法解釈（有信堂・一九六五）二一七－二二頁。
（4）宮沢俊義（芦部信喜補訂）・全訂日本国憲法（日本評論社・一九七八）五五四頁、七九三頁、清宮・注（1）三九九頁、佐藤幸治・憲法（青林書院・一九八一）二九－三〇頁。
（5）有倉達吉・憲法感覚と憲法解釈（日本評論新社・一九六三）二六八頁。
（6）磯崎辰五郎・後掲論文五三頁以下、法学協会編・註解日本国憲法（下）（有斐閣・一九五三）一四四三頁、小林直樹・憲法講義（下）〔新版〕（東京大学出版会・一九八一）五五二頁、橋本公亘・日本国憲法（有斐閣・一九八〇）六五五頁、和田英夫・憲法の現代的断面（評論社・一九六一）五〇頁、尾吹善人・憲法〔改訂版〕（東出版・一九七四）一〇三－一〇四頁。
（7）宮沢・注（4）七九三頁、傍点は筆者。
（8）右の宮沢とほぼ同じニュアンスの表現をしているものとして、清宮・注（1）三九九頁、註解（下）一四四三頁、小林・注（6）五二一－五三頁、和田・注（6）五〇頁等。
（9）磯崎・後掲論文五五頁。
（10）鈴木安蔵「憲法調査会法の諸問題」法律時報別冊・憲法改正（一九五六）一六〇頁、山内編・注（3）二一六頁。
（11）宮沢・注（4）五五二頁。
（12）参照、芦部信喜・演習憲法（有斐閣・一九八二）一六頁。
（13）宮沢・注（4）五五頁。
（14）伊藤正己・憲法（弘文堂・一九八二）六三〇頁。
（15）たとえば、一九七三年に西ドイツ連邦議会は、議決により、憲法を改正すべき点等の検討のため、七名の連邦議会議員（SPD三名、CDU／CSU三名、FDP一名）、七名の学識経験者（ベッケンフェルデ等）などから成る憲法改革調査委員会を設置し、その勧告にもとづいて部分的に憲法改正を行った。

(16)　憲法改正国民投票についていうと、そこでの「過半数の賛成」とは通説では有効投票の過半数と解されており、しかも投票方法としては投票用紙の賛成反対のいずれかの欄に○印をつける方式がとられることが予想されるから（一九五三年に自治庁が発表した「日本国憲法改正国民投票法案」ではこのような方式が定められていた）、場合によっては投票者全体からみてもごく少数の賛成票で「国民の賛成」があったということになる可能性を秘めているからである。

〈参考文献〉

清宮四郎「改正の手続」清宮＝佐藤功編・憲法講座 第四巻（有斐閣・一九六四）二一九頁以下
磯崎辰五郎「憲法改正原案の提出者」甲南法学四巻一号（一九六三）四三頁以下
芦部信喜「憲法改正国民投票制に関する若干の考察」国家学会雑誌七〇巻九号（一九五六）七九頁以下。

（芦部信喜＝池田政章＝杉原泰雄編『演習憲法』青林書院・一九八四年）

Ⅹ　憲法二五条【生存権】

憲法二五条　①すべて国民は、健康で文化的な最低限度の生活を営む権利を有する。
②国は、すべての生活部面について、社会福祉、社会保障及び公衆衛生の向上及び増進に努めなければならない。

第一節　沿　革

一　成立史

1　本条が成立するまでの諸案は、次の通りである。

マ草案邦訳

第二十四条　有ラユル生活範囲ニ於テ法律ハ社会的福祉、自由、正義及民主主義ノ向上発展ノ為ニ立案セラルヘシ
自由、普遍的且強制的ナル教育ヲ設立スヘシ
児童ノ私利的酷使ハ之ヲ禁止スヘシ
公共衛生ヲ改善スヘシ
社会的安寧ヲ計ルヘシ
労働条件、賃銀及勤務時間ノ規準ヲ定ムヘシ

要　綱

第二十三　法律ハ有ラユル生活分野ニ於テ社会ノ福祉及安寧、公衆衛生、自由、正義並ニ民主主義ノ向上発展ノ為ニ立案セラルベキコト

内閣草案

第二十三条　法律は、すべての生活分野について、社会の福祉及び安寧並びに公衆衛生の向上及び増進のために立案されなければならない。

改正案

第二十三条　法律は、すべての生活部面について、社会の福祉、生活の保障及び公衆衛生の向上及び増進のために立案されなければならない。

衆　案

第二十五条　すべて国民は、健康で文化的な最低限度の生活を営む権利を有する。

国は、すべての生活部面について、社会の福祉、社会保障及び公衆衛生の向上及び増進のために努めなければならない。

貴　案

第二十五条　すべて国民は、健康で文化的な最低限度の生活を営む権利を有する。

国は、すべての生活部面について、社会の福祉、社会保障及び公衆衛生の向上及び増進のために努めなければならない。

2　本条の成立史にみられる特徴は、本条が主として日本側のイニシアチブによって成立した点にある。

(1)　生存権に関する規定は、憲法問題調査委員会の憲法改正要綱（松本案）にはみられず、[1] 政党等の民間憲法草案の中に定められていた。たとえば、日本自由党の「憲法改正要綱案」は、「正当ナル生活ノ安定ヲ保障ス」と定め、[2] 日本共産党の「人民戦線綱領」は、「人民の生活権、労働権、教育される権利を具体的設備を以て保障する」と定めていたほか、[3] 日本社会党の「新憲法要綱」は、「国民は生存権を有す、其の老後の生活は国の保護を受く」、「正義公平の原則に基き、国民生活の安定向上を図るは国の使命なり、其のために必要なる政策を実施す」と定めていた。[4] しかし、とりわけ注目されるのは、憲法研究会案である。すなわち、同案は、「国民権利義務」の中で、「国民ハ健康ニシテ文化的水準ノ生活ヲ営ム権利を有ス」、「国民ハ老年疾病其ノ他ノ事情ニヨリ労働不能ニ陥リタル場合生活ヲ保証サル権利ヲ有ス」と定め、また、「経済」の中で、「経済生活ハ国民各自ヲシテ人間ニ値スヘキ健全ナル生活ヲ為サシムルヲ目的トシ正義進歩平等ノ原則ニ適合スルヲ要ス　各人ノ私有並経済上ノ自由ハ此ノ限界内ニ於テ保障サル　所有権ハ同時ニ公共ノ福利ニ役立ツヘキ義務ヲ有ス」と定めていた。[5] このワイマール憲法に倣った規定は、マッカーサー草案（以下マ草案と略称する）に直接影響を及ぼさなかったものの、規定の内容からみて、本条のモデルとなったことは疑いない。[6]

(2)　総司令部では、社会福祉増進のための規定が必要であるとの認識では一致していたものの、規定の仕方、すなわち、一般的な規定にとどめるのかそれとも立法事項を列挙するのかをめぐって見解の対立がみられ、結局、前者に決し、マ草案二四条が成立した。[7] その後、同規定は、第二項の中に、「公衆衛生」の改善に関する項と「社会的安寧」に関する項が盛り込まれ、さらに、「要綱」発表後、規定の及ぶ範囲が広範にすぎるとの理由から、「自由、正義並に民主主義」という文言が削除されて社会福祉の増進について定める一か条となり、内閣草案二三条が成立した。[8] そして、同条は、衆議院の審議の段階で、社会党の提案にもとづいて、「すべて国民は、健康で文化的な最低限度の生活を営む権利を有する」という規定が新たに第一項として挿入され、同時に、原案は「国は……に努めなければならない」と改められて第二項とされ、[9] こうして、現行憲法二五条が成立することになった。なお、本条は、このように帝国議会の審議で重要な修正を受けたが、同議会では、「健康で文化的な最低限度の生活を営む権利」の意味や法的性格について、実質的審議はほとんどなされることはなかった。

二　生存保障の近代型と現代型

1　近代型

近代の個人主義的社会観は、「各個人の自由かつ自律的な活動の中にこそ人間の幸福の鍵」があり、「国家は個人のかかる自由な活動と社会の自律的運行の外的条件の必要最小限の整備にその役割を限定されるべき」だとする考え方（消極国家観）を内容としていた。[10] そして、こうした考え方においては、各人の生存の維持は、財産権の不可侵性、経済活動の自由、人身の自由等の保障のもとに、原則として各人自らがその責任のもとにこれにあたるべきものとされ、国家の役割は原則として個人の生存に対する危害または障害を除去することに限定されていた。[11] 換言すれば、個人主義的社会観に立脚する近代の憲法は、財産権等の保障により、国家によって侵害されない個人の生存の自由を、つまり「自由権としての生存権」を保障していたといえる。[12]

ところで、こうした近代の生存保障の方式のもとでは、自力で自己の生存を維持できない人々（労働の能力と機会をもつことができず、かつ適当な財産をもたない人々）の生存は不可避的に脅かされることになる。こうしたことから、現代に入ると、人はすべて等しく生存する権利を有するという生存権の理念等にもとづいて、[13] 国民の生存配慮を主たる任務とする新しい国家観（積極国家観）が登場することになった。

2 現代型

現代における生存保障の特徴は、生存権の理念にもとづいて、第一に、国家による生存保障という考え方が支配的となったこと、第二に、生存権の国際的保障という傾向が強まりつつあること、である。

(1) 国家による生存保障

(ア) 社会国家型　現代になると、国家による生存保障を目指して、大別して、二つの国家のあり方が登場した。ひとつは、私有財産制度とそれにもとづく資本主義経済を基本的に維持しつつ、個人の自由の実質的保障を目指して、国民の生存保障を自らの責務とする国家である。この国家は、一般に社会国家あるいは福祉国家とよばれている。(14) こうした社会国家の理念を憲法上典型的に示したのが、一九一九年のワイマール憲法であった。すなわち、同憲法は、私有財産制度を基本的に保障し、各人の生存は労働と財産により各人の責任において確保されることを原則としつつも、同時に、「経済生活の秩序は、すべての人に人たるに値する生存を保障することを目指す正義の諸原則に適合するものでなければならない。各人の経済的自由は、この限界内においてこれを確保するものとする」（一五一条一項）、「所有権は義務を伴う。その行使は同時に公共の福祉に役立つものであるべきである」（一五三条三項）と定め、生存権理念にもとづいて、国民の「人に値する生存」(menschenwürdiges Dasein) の保障をはかることを責務とする社会国家の立場にたつことを明らかにした。

こうした社会国家あるいは福祉国家の理念は、第二次大戦後の西欧諸国の憲法を中心に広く採用されることになった。たとえば、一九四六年のフランス第四共和制憲法は、フランスは「社会的共和国」（一条）であると宣言し、「労働しえなくなった人は、すべて生存にふさわしい手段を公共体から受け取る権利をもつ」（前文）と定め、同年のイタリア共和国憲法も、イタリアは「勤労に基礎を置く民主的共和国」(一条一項)であると宣言するとともに、「勤労能力をもたず、生活に必要な資力に欠けるすべての市民は社会的な扶養と援助を受ける権利を有する」(三八条一項)と定め、また、一九四九年のドイツ連邦共和国憲法も、ドイツ連邦共和国は「社会的連邦国家」(二八条一項)である旨宣言し、いずれも社会国家の立場にたつことを明らかにした。このほか、憲法の明文上は社会国家に関する規定をもたないアメリカ合衆国憲法のもとでも、判例上、平等保護や手続的デュー・プロセスの憲法原則を活用して福祉受給権が保障され、[15] 社会国家への傾向を示している。日本国憲法も、後述するように、こうした国際的潮流を背景にして、社会国家の立場にたつことになった。

(イ) 社会主義国家型　もうひとつは、資本主義経済こそが国民の生存権を侵害してきたと捉え、生産手段の国有化と計画経済による労働権の保障を通して、国民の生存を保障していこうとする社会主義国家の立場である。こうした立場を憲法上典型的に示したのは、一九三六年のソビエト社会主義共和国憲法である。すなわち、同憲法は、「各人は能力に応じて、各人へはその労働に応じて」という社会主義理念の実現を目指して、生産手段の私有を廃止し(四条)、経済生活を国家の計画によって指導し(一一条)、かような経済の組織化によって保障される労働権と労働能力喪失の場合の「物質的保障を受ける権利」の保障(一二〇条)を通して、国民の生存を保障しようとした。こうした社会主義国家型は、このほか、第二次大戦後の東欧諸国の憲法、一九七七年のソビエト社会主義共和国憲法、一九八二年の中華人民共和国憲法等によって採用されたが、その後、これらの国の多くは社会主義を放棄するにいたった。

(ウ) 生存権保障の方式として社会国家型と社会主義国家型のいずれが望ましいかはもとより容易に決し難い

問題である。ただ、戦後のわが国の憲法学説は、概して社会主義国家型をより高く評価する傾向を示してきた。こうした傾向は、社会国家あるいは福祉国家の本質を「国家独占資本主義段階における資本主義国家類型の一つの国家体制」だとして、同国家を消極的に評価するマルクス主義憲法学の立場[16]においてはもとよりのこと、そうした立場にたたない学説のもとでも少なからずみられた。たとえば、日本国憲法二五条の解釈に大きな影響を及ぼしてきた代表的注釈書は、二五条が保障する生存権が日本国憲法のもとで具体的権利たりえないことの根拠として、資本主義経済組織のもとでは労働権はひとつの可能性にとどまらざるをえないことを指摘しつつ、具体的権利としての生存権を認めることはソ連邦が実現を期している経済組織のもとではじめて可能となると説いていた[17]。今日では、こうした評価に対しては、社会主義体制も生存権を具体的権利とする現実的基盤を確実なものにしうるとは限らないこと[18]、社会主義憲法における「社会権」は、国家の「政策によって確保される権利」にすぎず、「客観的に存在する法によって保障される権利にはなりえていない」こと[19]等の批判ないし疑問が学説上表明されている。戦後の憲法学説を多かれ少なかれ支配してきた上記の積極的評価については、社会主義国家の多くが消滅した今日、改めて再検討を要するように思われるが、いずれにしても、社会国家型あるいは社会主義国家型のいずれにせよ、今日では国家による生存保障という考え方が広く承認され、益々強まっている点に現代の特徴があることは否定できない。

ところで、こうした国家による国民の生存保障というあり方は、次のような特徴をもつ。すなわち、国民の生存配慮を国家の基本的責務とすることは、理念的には近代における国家と個人の関係を根本的に変更することを意味する、ということである。つまり、近代人権思想は国家と個人ないし社会との間に対立・緊張を措定するが、国家による生存保障の理念は、国家と個人ないし社会の間に協力・融合を措定する点に特徴をもつ、ということである。たとえば、戦後の代表的学説は、二〇世紀憲法の特色をなす「生存権的基本権」は、「国家の積極的な配慮と国民の積極的な努力とによって、相協力して実現さるべき国民の基本的な権利・義務」であり、したがって、「その思想において、国家を一の協同体（Gemeinschaft）と観念し、国家と個人（全体と個）との内面的・有機的結合を理想とする」と述べ[20]、また、別の学説は、憲法が国民の生存権の保障を宣言したということは、「国民全体が個々の国民から生活援助の要請があったときには、義務としてこれに応ずることを承諾したということを意味するもの」であり、そうした意味で生存権は「社会連帯の思想」に基礎を置くものであることを指摘している[21]。以上の両説は必ずしも同じとはいえないが、いずれにしても、生存権の理念は、国家権力と個人の関係を「対立」から「協力」の関係に転換し、また、「国家」を国家権力と国民が協力して豊かな生活の実現を目指す「協同体」へ転換させる側面をもつことは否定できない。しかも、今後、「安全で豊かな生活」への欲求が強まり、また、民主主義が一層進展するとすれば[22]、国家の「協同体」化への傾向は益々強まることが予想され、だとすると、こうした状況のもとで「個人の自律的生存」をいかに確保するかが今後の重要な課題となろう[23]。

(2)　生存権の国際的保障

現代における生存権保障にみられるもうひとつの特徴は、国際的保障が強化されつつあることである。すなわち、一九四五年の国連憲章は、前文で、「基本的人権と人間の尊厳及び価値」に関する信念をあらためて確認しつつ、「生活水準の向上」を国連の目的として掲げたが、一九四六年の世界人権宣言は、この精神を具体化して、「すべて人は、社会の一員として、社会保障を受ける権利を有し、かつ……各国の組織及び資源に応じて、自己の尊厳と自己の人格の自由な発展とに欠くことのできない経済的、社会的及び文化的権利の実現に対する権利を有する」(二二条)と定めたほか、すべて人は「不可抗力による生活不能の場合は、保障を受ける権利を有する」(二五条)旨宣言し、さらに、一九五六年の国際人権規約A規約は、この規約の締約国は「相当な生活水準についての……すべての者の権利を認める」(一一条)と定めるとともに、労働に関する権利(六条−八条)、社会保障の権利(九条)を定めた。国際人権規約が定めるこれらの権利は、一般にプログラム的性格のものと解されているが、重要なことは、締約国によるこれらの権利の保障については、「内外人平等の原則」(二条二項)が適用されることである。つまり、国際人権規約の理念においては、国家は、そこに居住するすべての人にたいして、国籍の有無にかかわりなく、「社会の一員」として生存権を保障する責務を負っている、ということになる。もとより、この理念の実現には様々な困難が伴うが、生存権思想が「人間の尊厳」理念にもとづくものである以上、国際人権規約の理念は基本的に正しいといわなければならない。いずれにせよ、国家による国民の生存保障という考えは、「人間の尊厳」理念にもとづく生存権思想により大きな修正を迫られつつあるといえよう。

第二節　解　釈

一　憲法二五条一項と二項

1　概　説

本条は、一項で、国民が「健康で文化的な最低限度の生活を営む権利」を有することを定め、日本国憲法が社会国家の理念に立つことを明らかにする。本条は、また、憲法の明文で保障されていない新しい社会権に憲法上の根拠を提供する総則的規定としての性格をもつと解されているほか[24]、一般に生存権とよばれている一項の権利は、経済的自由権を制約する特別の正当化事由になりうるものと解されている[25]。

二項は、「すべての生活部面について、社会福祉、社会保障及び公衆衛生の向上及び増進」に努めるべき国の責務を定め、この責務にもとづいて、生活保護法、児童福祉法等の社会福祉立法、国民年金法等の社会保障立法、食品衛生法、公害対策基本法等の公衆衛生立法が制定されている。

2　一項と二項の関係

一項と二項の関係について、学説は、一般に、一項は国民の生存権を保障し、二項は一項の趣旨を実現するための国の措置と責務を定めたものと解し、かように、一項と二項を一体として捉える。[26]最高裁も、公的年金給付を受けることができるときは児童扶養手当を支給しない旨定めた児童扶養手当法の規定（併給調整条項）が憲法一四条、二五条等に反するかが争われた堀木訴訟において、一項と二項を一体として捉える立場を明らかにした。[27]

もっとも、近時の学説では、一項と二項を一体として捉えつつも、一項が保障する生存権にも、人間としての「最低限度の生活」の保障を内容とするもの（これを「狭義の生存権」あるいは「生存権」とよぶ学説もある）とそれ以上の「より快適な生活」の保障を内容とするもの（これを「広義の生存権」あるいは「生活権」とよぶ学説もある）があることを認め、両者で合憲性審査基準を区別して考える立場が有力となりつつある。[28]

これに対して、一項は「救貧施策」、二項は「防貧施策」をそれぞれ国に対して義務づけたものだと解しつつ、両施策についての合憲性審査基準を区別し、かように、一項と二項を分離して解釈する立場が存在する。この立場は、堀木訴訟控訴審判決（大阪高判昭和五〇・一一・一〇行裁例集二六巻一〇＝一一号一二六八頁）や塩見訴訟一審判決（大阪地判昭和五五・一〇・二九行裁例集三一巻一〇号二二七四頁）によって採用された。[29]

しかし、こうした一項・二項分離説に対しては、一項と二項を一体として捉えるべきだとする批判[30]のほか、①判例の分離説は、社会保障施策を広く「防貧施策」に類別する結果、実際には広範な立法裁量を基礎づける働きをしていること、[31]②ある施策の「救貧」と「防貧」施策への分類にさいしては、受給者の生活実態や当該施策が現実に果たしている機能も考慮されるべきこと、[32] ③生存権は社会保障システム全体の脈絡の中で形成され展開していくと解すべきであるから、社会保障施策を「救貧」と「防貧」に機械的に分けるのは妥当ではないこと、[33] ④「個人の尊厳」に立脚した最低生活保障の方法としては、生活保護法ではなく年金給付を中心に考えるべきこと等の批判が主張されている。[34][35]

二　二五条の法的性格

今日の学説上、二五条が保障する生存権には、国家に対して生存配慮を求める社会権的側面あるいは請求権的側面と、国家による積極的な侵害行為の排除を求める自由権的側面があると解されている。このうち、社会権的側面に関して、これまでの学説では、二五条が定める生存権はいかなる法的性格の権利で、また、同条はいかなる法的性格の規定かを主たる争点として、プログラム規定説、抽象的権利説、具体的権利説とよばれる見解の対立がみられた。これに対して、判例は、二五条の裁判規範性を原則として肯定する立場にたって、同条を具体化する立法等の合憲性審査にさいして、政治部門の裁量がどの程度認められるべきかという観点から二五条の法的性格を論じてきた。そして、近時は、こうした判例の動向に対応して、学説も、二五条の裁判規範性を原則として肯定しつつ、生存権の内容に応じて合憲性審査基準を具体的に形成していこうとする動向を示している。[36] そこで、以下では、こうした学説・判例の動向にかんがみ、二五条の法的性格についての学説と判例を、まず社会権的側面について、主として裁判規範性を認めるか否かという観点から検討し、次に、自由権的側面について検討することにしたい。

1　社会権的側面

二五条の社会権的側面の法的性格について、同条に裁判規範性を認めるか否かを主たる基準としてみた場合、学説・判例上、以下の三つの立場がみられる。第一は、二五条に裁判規範性を認めない立場、第二は、裁判規範性を認め、二五条をもって具体的権利を保障した規定と解する立場、第三は、二五条に裁判規範性を認めるが、生存権に具体的権利性を認めない立場である。

(1)　二五条に裁判規範性を認めない立場

第一は、二五条は国に対して国民の生存を保障すべき政治的・道徳義務を課したにとどまると解し、二五条に裁判規範性を認めない立場である。この立場は、従来、プログラム規定説[37]とよばれてきた。もっとも、この立場に属する見解も一様ではなく、たとえば、二五条は「国民の生存の維持及び発展についても公共的配慮」をするよう努力すべき国の「政治的・道徳的義務」を定めたもので、国が右の努力を怠った場合に対して特別の法的救済が予定されていない以上、同条は「法律的にはプログラム的意義のもの」にとどまると説く見解[38]や、二五条により国は「可能な限りすべての国民の生存を保障するための条件を提供する立法」を行う「政治的・道徳的義務」を負うにすぎず、同立法は「最も強い合憲性の推定」をうけ、それが「不適当または不充分であっても、それは立法政策の問題」にとどまり、したがって、二五条は「裁判規範としてもつ法的意味はほとんど存在しない」と説く見解[39]、などである。後述するように、今日では、立法府の裁量を広く認めることにより、実質上この立場に近い見解はみられるが、二五条に端的に裁判規範性を否定する見解はほとんどみられない。

(2) 具体的権利を保障した規定と解する立場

第二は、二五条に裁判規範性を認め、かつ、同条は個々の国民に具体的権利を保障していると解する立場である。この立場は、具体的権利説とよばれてきた。ここには、具体的権利の内容を基準にして、以下の二説が存在する。

(ア) 第一説は、国が二五条にもとづく立法義務に反して立法を全く行わないかあるいは不十分な立法しか行わないような場合（立法不作為の場合）には、国民は、二五条にもとづいて、立法不作為の違憲確認訴訟を提起することができる、と主張する説である。たとえば、①二五条一項は「現実的な効力を有する規定」で「完全な『権利』」を保障したものだから、国が「法律を全く制定せずもしくは不充分な法律によって『健康で文化的な最低限度の生活』を営みえない国民を放置する場合」は「現実的・具体的な権利侵害」となり、したがって、国民は、二五条にもとづいて、違憲確認訴訟を提起することができる、と説く見解や[40]、②二五条にいう「健康で文化的な最低限度の生活」水準は特定の国家の特定の時期においては客観的に存在し、「生活科学の現状から考えると、その水準の確定は相当程度可能」であるから、二五条は、行政機関が一定の行政処分をなし得るほどに規範内容は詳細で明確とはいえないとしても、「立法権に立法義務を課するほどに明確な規範内容」をもっていること、また、国の予算は「憲法に拘束されるべき法的性格」をもち、二五条に定める「最低限度の生活」水準は予算の配分を「支配する法的規範」と解されることから、立法府が立法義務に違反して全く立法を行わないかあるいは不充分な立法を行った場合には、そのことによる生存権の侵害に対して、国民は立法不作為の違憲確認判決を求めることができると主張する見解[41]、が代表的なものである[42]。

こうした見解に対しては、次のような批判が主張されている。①立法の不作為の違憲性という実態の問題と違憲確認訴訟という訴訟上の問題が結びつけられているが、立法の不作為の違憲性を争う方法としては、違憲確認訴訟以外にも、国家賠償請求訴訟や通常の訴訟の過程で右の違憲性を主張する等様々な方法があること[43]、②特定の形態の訴訟が可能か否かはもっぱら訴訟制度の定め方の問題であり、権利の性格の捉え方に直接関係するものではないこと[44]、③立法不作為の違憲確認訴訟という訴訟形態がかりに現行の訴訟法下で可能だとしても、裁判手続や判決の効力等多くの解決すべき問題点があること[45]、④立法不作為の違憲確認訴訟はあるべき立法を義務づけることができないのだとすれば、いうところの「一義的に明確な立法義務」なるものも、結局は国会の政治的・道義的責任に近いものになってしまうこと[46]、である。

(イ) 第二説は、二五条は個々の国民に具体的な扶助請求権を直接保障していると解する説である。この説は、最近主張されるようになったもので、上記のように解する根拠として、以下の点を挙げる。すなわち、①憲法二五条は「最低限度の生活」の保障において最も強い規範性をもつべきだとすれば、「最低限度の生活」の内容は裁判所により客観的に確定されなければならないこと、②戦後の混乱期と異なり、経済の進展がみられる今日では、具体的扶助請求権を保障したと解する基盤は整っていること、③現実に生活を営めないものが訴訟を提起している以上、裁判所としては「立法の欠缺の問題」として、憲法規定の直接的執行という救済手段をとるべきであること、である[47]。このような具体的権利説については、裁判所が二五条にいう「最低限度の生活」水準を終局的に確定することがはたして妥当なのかどうかが問題とされなければならないが、この点については、後に検討することにする。

(3) 具体的権利を保障した規定とはみない立場

第三は、二五条について、裁判規範性は認めつつも、具体的権利を保障した規定とはみない立場である。今日の通説及び判例がこの立場にたつ。この立場のもとでも、二五条は政治部門（とくに立法府）に対していかなる場合にどの程度の裁量を許す規定と解するかという観点からみた場合、大別して、裁量を広く認める立場と限定する立場がみられる。

(ア) 政治部門の裁量を広く認める立場　最高裁判決と若干の下級審判決がこの立場にたつ。まず、最高裁は、闇米の購入・運搬を禁止する食糧管理法の規定の二五条違反が争われた食糧管理法違反被告事件において、二五条一項は、社会施設の拡充増強についての国の概括的責務を宣言したもので、直接個々の国民に具体的権利を保障したものではないと判示するにとどめていたが、[48]その後、生活保護法にもとづいて厚生大臣が設定した生活保護基準が憲法二五条及び生活保護法三条等に反しないかが争われた朝日訴訟において、該保護基準は「結局には憲法の定める健康で文化的な最低限度の生活を維持するにたりるものでなければならない」ないと述べ、間接的にせよ二五条が裁判規範性をもつことを明らかにしつつ、二五条一項にいう「健康で文化的な最低限度の生活」は「抽象的な相対的概念」であること等を根拠として、「何が健康で文化的な最低限度の生活であるかの認定判断」は原則として「厚生大臣の合目的的な裁量」に委ねられるとし、厚生大臣が「現実の生活条件を無視して著しく低い基準を設定する等憲法および生活保護法の趣旨・目的に反し、法律によって与えられた裁量権の限界をこえた場合または裁量権を濫用した場合には、違法な行為として司法審査の対象となる」と判示して、「最低限度の生活」にかかわる行政処分の合憲性審査について、政治部門にひろい裁量を認める立場を採用した。[49]さらに、児童扶養手当法所定の併給調整条項が憲法一四条、二五条に反するかが争われた堀木訴訟において、最高裁は、二五条を「現実の立法として具体化するに当たって」は「高度の専門技術的な考察とそれに基づいた政策的判断」を必要とするから、「憲法二五条の規定の趣旨にこたえて具体的にどのような立法措置を講ずるかの選択決定は立法府の広い裁量にゆだねられて」いると判示して、二五条を具体化する立法の合憲性審査基準としては、立法府に広い裁量を認める「明白の原則」が適用されることを明らかにした。[50]堀木訴訟判決で示されたこのような立場は、その後の最高裁判決によって踏襲されており、[51]判例上ほぼ確立したとみることができる。

(イ)　政治部門の裁量を限定する立場　　支配的学説といくつかの下級審判決がこの立場にたつ。ここに属する学説・判例も、内容を基準として、以下の立場に分かれる。

①ひとつは、「最低限度の生活」の保障にかかわる立法等の合憲性審査にさいしては厳格な審査基準を適用すべきだとして、政治部門の裁量を限定する立場である。[52]このもとでも、厳格な審査の在り方を基準にして、以下の二説が存在する。

第一説は、裁判所は客観的に存在する「健康で文化的な生活」水準に照らして立法等の合憲性を審査すべきだとする説であり、近時の学説上有力に提唱されている立場である。たとえば、ある学説は、生存権の保障を「人間としてのぎりぎりの『最低限度の生活』の保障」と「より快適な生活の保障」に分け、違憲審査基準について、後者には立法府に広い裁量を許す「明白の原則」が適用されるが、前者には「より厳格な審査基準」が適用されるべきことを主張するとともに、[53] そうした厳格な審査方法としては、「最低限度の生活」水準は特定の国の特定の時点においては客観的に存在しているという立場にたって、裁判所が自ら確定した同水準に照らして国の施策の合憲性を審査するという審査方法を提唱する。[54]

第二説は、裁判所は客観的に存在する「健康で文化的な最低限度の生活」水準を一応の基準として立法等の合憲性を審査すべきだ、とする立場である。朝日訴訟一審判決と若干の学説がこの立場にたつ。まず、朝日訴訟一審判決（東京地判昭和三五・一〇・一九行裁例集一一巻一〇号二九二一頁）は、「憲法二五条一項に由来するところの生活保護法三条にいう「健康で文化的な生活水準」は客観的に確定可能であり、また、予算を指導すべきものだとする立場にたって、厚生大臣が設定した生活保護基準が右の水準を維持することができる程度のものかどうかについては、「憲法及び生活保護法の法意にてらし、結局は人間に対する健全な社会通念による理解」に照らして判断し、右水準を維持するに足りず違法と判示した。[55] また、学説では、客観的に確定可能な「最低限度の生活」水準をもって一応の審査基準としつつ、それを逸脱するような基準が設定されているときは国側にその「合理的理由」の立証を求めるという審査方法が提唱されている。[56]

以上の二説のうち、いずれが妥当か。たしかに、客観的に存在する「最低限度の生活」水準をもって直ちに合憲性審査基準とする審査方法は、生存権の裁判的保障の強化という点からすれば望ましいといえる。しかし、問題は、かりに「最低限度の生活」水準が特定の国の特定の時点で客観的に存在しており、また、それを司法手続で確定することができるとしても、裁判所が同水準をもって直ちに国の施策の合憲性審査基準とすることがはたして妥当なのかどうか、という点にあろう。そして、この点については、次のような消極的見解が主張されている。ひとつは、「最低限度の生活」水準の確定は政治的政策的決定を本質とするものであり、それ故、法の適用を任務とする裁判所が行うのには適さない事柄だ、とする見解である。すなわち、「公的扶助の問題も、国土の安全、秩序の維持、産業の発展、文化教育の充実などと並ぶ国家施策の一部門をなす」にすぎず、それ故、「一国の国民の最低生活水準をどの辺に想定し生活保護基準の額をいかに定めるかは、結局これら各般の施策の間に、限られた国家の行財政能力をいかに分配するのが合目的的であるか」という「政治責任を伴うべき政治的決断の問題」であり、それ故、裁判所が行うのに適さない事柄だ、と主張する見解である。[57] もうひとつは、生存権の実現は国家の現実の給付能力に事実上制約されざるをえず、客観的に存在する「最低限度の生活」水準を保障することが現実に可能な増税によっても困難な場合がありうるという意味で生存権の財政的・経済的被制約性を根拠に消極に解する見解である。[58] たしかに、生存権の財政的・経済的被制約性にかんがみれば、保障されるべき「最低限度の生活」水準の確定は政治的・政策的決定という性質をもつことは否定できない。しかし、他方で「現代国家の人権のカタログに最も貴重な法価値としての座を占めている」[59] 生存権の意義と重要性、「最低限度の生活」の司法的救済の必要性、生存権の財政的・経済的被制約性は「最低限度の生活」の保障についての司法審査を全面的に排除するものではないことを考慮すれば、客観的に確定可能な「最低限度の生活」水準をもって一応の審査基準としつつも、それを逸脱するような施策がなされているときは、国側にその「合理的理由」の立証を求めるという審査方法——ただし、「合理的理由」については厳格に審査することを条件として——が、「最低限度の生活」の保障にふさわしい厳格な審査方法と思われる。

②もうひとつは、二五条を具体化する法律によってひとたび実現された権利を剝脱・制限する立法の合憲性

の審査については厳格な審査基準を適用すべきだとして、立法府の裁量を限定しようとする立場である。この立場のもとでも、該基準適用の根拠を基準として、以下の三説が存在する。

第一説は、法律によって実現された権利は憲法上の生存権が一体化したものであることを根拠とする説である。抽象的権利説とよばれてきた立場がここに属する。抽象的権利説とよばれてきた立場の内容は論者により必ずしも一様ではないが、概ね、二五条が保障する生存権は抽象的な法的権利にとどまり、具体化する法律によってはじめて具体的権利となること、また、同条は立法により右の権利を具体化すべき国の法的義務を定めたものではあるが、国が同義務の履行を怠った場合に国民が直接二五条にもとづいて裁判所にその履行を求めることはできない、と主張する点に特徴をもつ。(60) こうした抽象的権利説において特徴的なことは、二五条にもとづく法律によって保障される権利（たとえば生活保護法上の保護受給権）を憲法上の生存権が一体化したものと捉え、したがって、該権利の改廃は単なる立法政策ではなく憲法問題となるとすることにより、立法府の裁量を限定しようとする点にある。

第二説は、二五条にもとづく国の義務を根拠とする説である。たとえば、廃疾認定日において日本国民でない者につき、国民年金法所定の障害福祉年金の受給資格を認めない同法の規定は憲法一四条、二五条に反しないかが争われた塩見訴訟一審判決（大阪地判昭和五五・一〇・二九行裁例集三一巻一〇号二二七四頁）は、二五条一項と二項を分離する立場にたって、二項にもとづく施策については原則として立法政策の問題だとしつつも、同項にもとづく立法によりいったん与えられた権利を奪う立法については、「憲法二五条二項は、これに基づく施策を絶えず充実拡充していくことを要求している」から、合理性は厳格に審査されなければならないと判示し、また、一般の公的年金と老齢福祉年金との併給制限を定めた国民年金法の規定の合憲性が争われた岡田訴訟控訴審判決（札幌高判昭和五四・四・二七判例時報九三三号二二頁）も、二項にもとづく立法によりいったん実現した国民の権利を制限する立法については、一項による「国の法的義務に由来する一定の制約」があるから、原則として、「公共の福祉のため当該制限を必要とする合理的な理由」がなければならない旨判示した。

第三説は、法律上の権利が憲法に由来することおよび二五条にもとづく国の義務の両者を根拠とする説である。たとえば、一般の公的年金と老齢福祉年金の併給制限を定めた国民年金法の規定の合憲性が争われた宮訴訟一審判決（東京地判昭和四九・四・二四行裁例集二五巻四号二七四頁）が、二五条の具体化を原則として立法政策の問題としつつ、二五条を具体化した法律によってひとたび国民に与えられた権利の実現の障害となる法律については、該権利が「憲法に由来するもの」であり、また、二五条は「施策を絶えず充実拡充して行くことをも要求している」から、「合理的な理由」がなければならない旨判示しているのは、その例である。

以上の三説のうち、第一説と第三説については、生存権保障の一層の充実をはかり、司法的統制を強化しようとする意図は理解できるとしても、憲法上保障された権利が抽象的権利にとどまる場合、法律によって具体化された権利は何故に憲法上の権利あるいはそれに準じた権利としての性格を獲得しうるのかその理由は必ずしも明らかとはいえず、そうした点からすれば、該権利が通常の法律上の権利よりも強い司法的保障を受けるのは、二五条にもとづく国の義務にその根拠を求める第二説が妥当ではないかと思われる。

2 自由権的側面

二五条が保障する生存権には、社会権的側面ないしは請求権的側面と並んで、国家による積極的な侵害行為の排除を求める自由権的側面があるとする見解が学説上早くから主張され[61]、今日では広く認められているほか[62]、いくつかの下級審判決でも認められている[63]。

ところで、右の見解は、内容的には、「最低限度の生活」の保障にかかわる立法等の合憲性審査にさいしては、厳格な審査基準を適用すべきだと説く前述した立場の一形態とみることができるが、そこでいう「自由権的側面」とは何を意味し、その憲法上の根拠は何か、という点については、必ずしも見解が一致しているわけではなく、憲法上の根拠を基準にすると、以下の二つの立場に分かれる[64]。

第一説は、「自由権的側面」の根拠を、二五条によって保障された「生存の自由」という自由権に求める立場である。たとえば、この立場にたつ代表的学説は、次のように説く。すなわち、二五条が保障する生存権には請求権的側面と自由権的側面が存在するとしつつ、「生存権がその代表的権利である社会権の基底には自由権が存在」しており、この「国家によって侵害されない生存の自由」という「自由権」は、「生存権の自由権的側面の問題として基本的に捉えられる」と述べ、具体的には、困窮者に対してより高額の税を課したり、最低限度の生活を脅かす程度の低い課税最低限を定めることとは、「生存権の自由権的側面の問題」として捉えるべきことを主張する[65]。かように、この立場は、二五条が保障する生存権を自由権と社会権から成る複合的な権利として捉え、侵害排除請求権（「自由権的側面」）の根拠を「自由権としての生存権」に求めている点に特徴をもつ。

第二説は、「自由権的側面」の根拠を二五条にもとづく国の義務に求める立場である。たとえば、註解は、次のように説く。すなわち、近代の憲法は財産権の不可侵を宣言し、個人の生命や身体の自由を保障することにより、「自由権としての生存権」を保障するにとどまっていたが、現代の生存権思想は「個人の生存の維持及び発展に役立つ条件についても、国の公共的配慮がなさるべき」だと主張するにいたり、こうした状況のもとで認められた日本国憲法二五条の生存権は「国民の生存の維持及び発展についても国の公共的配慮がなされねばならぬという積極的な意味内容を有するものである。したがって、それとの関連において、第一に、この生存権の実現は、これを阻害してはならぬことは当然であり、国が生存権の実現に努力すべき責務に違反して生存権の実現に障害となるような行為をなすときは、その立法もまた無効となり、その処分も違法である」と主張する。[66] 判例では、岡田訴訟控訴審判決が、この立場にたつ。かように、この立場は、侵害排除請求権の根拠を二五条にもとづく国の義務に求める点に特徴をもつ。

以上の二説のうち、第一説については、二五条が保障する生存権を社会権と自由権からなる複合的権利と捉えることが妥当かどうかが問題となりうる。たしかに、今日の学説上では、前述したように、二五条が保障する生存権を複合的権利と捉える見解は少なくない。しかし、他方で、「生存権規定の根幹的意味」は「国家に対して人間らしい生活を営めるよう請求する権利を定めたところにある」と主張しつつ、「自由権的な生存権」は憲法一三条や適正手続条項等の近代的な憲法原則をもって処理できるから、かかる自由権に対する公権力的な侵害を「あえて特別に憲法二五条で定める生存権の問題として取扱わなければならない理由はない」と主張する有力な消極説も存在する。[67] また、二五条が「生存の自由」一般を保障しているとする立場にたつ場合には、二五条の具体化ではない措置（たとえば、死刑等の刑罰）についても二五条違反の問題が生じうることになろうが、この点についても、二五条一項は生存権保障の立場から国の責務を定めたもので、他の目的からの国の立法や制度が本項によって制約されるべきことを定めたものではないとする有力な見解が存在しており[68]、こうした点からすれば、第二説が妥当のようにも思われるが、同説が成立しうるためには、国の義務の内容、とくに「健康で文化的な最低限度の生活」の内容が裁判所によって原則的に確定可能とする立場にたつことが必要であり、したがって、そうした可能性を否定する立場のもとでは、第一説にたった場合はもとより、第二説にたった場合にも、「自由権的側面」は認められない、ということとなろう[69]。

三　二五条と平等原則

朝日訴訟以降、社会福祉立法にかかわる訴訟では、社会福祉立法が定める併給調整条項の平等原則適否が争われることになり、関連して、平等原則適否を審査するさいの憲法判断の在り方が問題とされることになった。そして、判例及び学説上、次のような二つの憲法判断の在り方が採用され、主張されている[70]。

1　平等原則適否をゆるやかに審査する立場

堀木訴訟最高裁判決がこの立場にたつ。すなわち、同判決は、二五条の趣旨にこたえる立法措置について立法府の裁量を広く認めつつ、平等原則との関係でも、「合理性」の有無をゆるやかに審査して、立法府の裁量を広く認める判断を示した[71]。

2　平等原則適否を厳格に審査する立場

もうひとつの立場は、実質的平等を重視して、年金受給者の生活実態と該年金の機能に照らして、差別的取扱いの合理性の有無を厳格に審査する立場である。たとえば、堀木訴訟一審判決(神戸地判昭和四七・九・二〇判例時報六七八号一九頁)が、憲法一四条は「国民の生活面における実質的な平等を保障する趣旨をも有する」とする立場にたって、原告と同じ境遇にある者の生活実態が「極度に困窮」していること、児童福祉手当が「救貧的機能」を発揮していることから、国民年金法所定の併給禁止規定について、差別的取扱いの合理性を厳格に審査し、同規定を不合理な差別にあたると判示し、また、老齢福祉年金の夫婦受給制限を定めた国民年金法の規定の平等原則適否が争われた牧野訴訟一審判決(東京地判昭和四三・七・一五行裁例集一九巻七号一一九六頁)も、現行の老齢福祉年金が「公的扶助的性格の強いもの」であることや受給者の生活実態を重視して、差別的取扱いの合理性を厳格に審査し、同制限規定は不合理な差別にあたると判示しているのは、この立場を示す代表的例である。[72]学説上もこの立場が有力である。[73]

右の両説のいずれが妥当か。①社会福祉立法の平等原則適否の審査にさいしては、「実質的平等の趣旨が最大限考慮に入れられなければならない」こと、[74]②しかし、日本国憲法のもとでは、実質的平等の実現は原則として社会権が担うべき事柄であって、一四条の平等原則自体は、裁判規範としては、原則として国家による不均等な取扱いの禁止という消極的な意味をもつにとどまると解すべきこと、[75]③福祉受給権は「人間の尊厳に直接かかわる『生きる権利』そのものである」こと、[76]④福祉受給権は、「少数者の権利として司法の特別の保護を必要とするものである」ことを考慮すれば、[77]差別的取扱いの合理性を厳格に審査する後説をもって妥当とすべき

であろう。(78)

四　二五条と外国人

1　概説

「難民の地位に関する条約」及び「難民の地位に関する議定書」に加入したことに伴って、一九八一年に制定された「難民の地位に関する条約等への加入に伴う出入国管理令その他関係法律の整備に関する法律」が、社会保障に関して難民条約が定めた内国民待遇を実現するために、国民年金法、児童扶養手当法、特別児童扶養手当等の支給に関する法律及び児童手当法の四法律において定められていた国籍要件を撤廃し、国民年金等については、日本国内に住所を有するすべての外国人に対して、原則として、内国民待遇が与えられることとなった。(79)この結果、二五条が定める生存権は日本に在住する外国人（ことに、定住外国人）(80)にも保障されるかという問題は、立法的にほぼ決着がつけられることとなった。もっとも、こうした法改正が行われた今日においても、社会保障の分野での外国人に対する差別的取扱いの平等原則適否が問題となる場合に、二五条の保障は外国人には及ばないとする立場にたつかぎり、「自国民を在住外国人より優先的に扱うことも許される」ということになり、逆に及ぶとする立場にたてば、右の優先的取扱いは原則として許されない、ということとなり、こうした点からすれば、二五条の保障は外国人にも及ぶかという問題を論ずる意義が今日全く失われてしまっているわけではない。

2 学説

憲法二五条の保障は、わが国に在住する外国人（ことに定住外国人）にも及ぶか否かについては、今日の学説・判例上、消極説と積極説の対立がみられる。

(1) 消極説

通説・判例は、消極説にたつ。もっとも、消極説といっても、内容は一様ではなく、大別して、次の二説がみられる。

第一説は、外国人も社会権を基本的人権として享有するが、それを保障することは、何よりも各人の所属する国の責任だとする立場にたって、原則として消極に解する説である。(81) 最高裁（最判平成元・三・二判例時報一三六三号六八頁）も、塩見訴訟において、社会経済立法に関する立法府の裁量を広く認めつつ、社会保障上の施策における在留外国人の処遇については、国は、特別の条約が存在しない限り、政治的判断によって決することができると判示して、消極説にたつことを明らかにし、下級審判決も、すべて消極説に立つ。(82)

第二説は、原則として消極説にたちつつも、定住外国人に対しては、一定程度保障を及ぼしていくことがむしろ憲法の趣旨に合致すると説く。近時有力となりつつある説である。たとえば、この立場にたつ有力な見解は、次のように主張する。すなわち、「限られた財政状態の下での社会保障等、積極的な国の配慮義務は、まず『国民』に対するものであり、合理的な理由があれば、『国民』にそれを享有する優先権を認めることも許される」としつつも、今日においては、国際人権規約にも謳われている福祉に関する内外人平等原則に照らし、かつ、生活実態や歴史的経緯にかんがみ、生存の基本にかかわるような領域においては、「とくに永住権をもつ在留朝鮮人・台湾人については、日本国民に準じて取り扱うのがむしろ憲法の趣旨に合致する」と主張し[83]、こうした立場にたって、定住外国人の社会権に関し、日本国民と別異に取扱う法制の平等原則適否が問題となる場合の違憲審査基準としては、「厳格な合理性」の基準が妥当する、と説く[84]。

以上のように、消極説は、いずれの説においても、①積極的な国の配慮義務を内容とする権利であるという生存権の性質、②生存保障は何よりも各人が所属する国家の責任であるという国家観、③国による生存配慮をうける「国民」の識別基準を「国籍」に求める国民観、の三点に根拠を求めている点に特徴をもつ。

(2) 積極説

社会権は少なくとも定住外国人に対しては国民に対してと等しく保障されるべきだとする説も、近時有力に提唱されている。たとえば、この立場にたつ代表的見解は、①権利の享有関係を決する基準について、「政治共同体としての国民国家への帰属が意味をもつ分野にあっては国籍が基準となるのに対し、社会一般の利益享有資格は、現実の事態により適合的な社会構成員性が基準とされなければならない」こと、②定住外国人は「日本社会の恒常的構成員であり、日本国民と同一の社会的負担を担い、同一の社会的寄与」をしていることからすれば、二五条が保障する生存権は定住外国人を含む社会構成員の権利として構成されるべきだと主張する[85]。このように、積極説は、生存権の性質、定住外国人の実態及び「同一の寄与、負担あるところに同一の利益、権利あるべし」という衡平の観念、を主たる根拠としている点に特徴をもつ。

国際人権規約にも謳われている福祉に関する内外人平等の原則、「人間の尊厳」の普遍性、「同一の負担あるところに同一の利益あるべし」とする衡平の観念及び生活実態にかんがみれば、少なくとも定住外国人に対して生存権の保障を及ぼさないとすることは、今日では妥当性を欠こう。

五　環境権

1　沿革

(1)　環境に関する規定が憲法に登場するようになるのは、第二次大戦後のことである。そして、こうした規定は、大別すると、①環境に対する国民の権利を定めるもの、②環境保全に関する国等の責務を定めるもの、③両者を定めるもの、の三つの類型に分けることができる。①に属する例としては、「人は健康な環境を求める権利を有する」(一九二条一項)と定めた一九七四年のユーゴスラビア社会主義共和国憲法があり、②に属する例としては、「国は、将来の世代に対する責任を果たすためにも、憲法に適合する秩序の範囲内で、立法を通じて、また、法律と法の基準にしたがって執行権と裁判を通じて自然的生命基盤を保護する」(二〇a条)(一九九四年の憲法改正で採用)と定めた一九四九年のドイツ連邦共和国基本法があり、③に属する例としては、四五条一項で、「各人は人格の発展にふさわしい環境を享受する権利を有し、かつそれを保持する義務を負う」と定め、同二項で、公権力は「環境を保全しかつ回復する」ために、「天然資源の合理的な利用について配慮しなければならない」と定める一九七八年のスペイン憲法がある。ちなみに、一九七二年の国連人間環境会議で採択された人間環境宣言は、「人は、尊厳と福祉を保つに足る環境で、自由、平等及び十分な生活水準を享受する基本的権利を有するとともに、現在及び将来の世代のため環境を保護し改善する厳粛な責任を負う」と定め、③の類型に属する。

(2)　日本国憲法は、二五条二項で、国は「公衆衛生の向上及び増進に努めなければならない」と定めるにとどめている。しかし、今日の支配的学説は、同項は環境保全に対する国の責務をも定めたものであり、かつ、後述するように、憲法は環境権を基本的人権として保障していると解しているから、そうした解釈にたてば、日本国憲法は③の類型に属する、ということになろう。

(3)　日本国憲法の下での環境保全に関しては、一九五〇年代に、「水質保全法」等の法律のほか、各地方公共団体に公害防止条例が制定されていたが、その後、六〇年代にはじまる急速な都市化と工業化に伴って全国的な規模で発生した大気汚染や騒音等の公害を背景にして、一九七六年の「公害対策基本法」や一九七二年の「自然環境保全法」等の公害対策立法が制定されるとともに、[86] 一九九〇年の日弁連の大会で、日本国憲法上の人権として環境権が提唱されるにいたった。憲法上の人権としての環境権は、その後、学説上広く承認され、住民運動等に支えられて、国及び地方公共団体による環境保全政策の推進に大きな役割を果たすことになり、こうした背景の下に、一九九三年に「環境基本法」が制定された。同法は、七〇年代以来の環境問題の構造変化（緊急な対策を必要とした公害や自然破壊から都市・生活型公害や地球環境問題への変化）に伴う、公害に対する新たな規制方法の要請や八〇年代以来の環境問題への国際的取組みを背景として、「環境の保全に関する施策を総合的かつ計画的に推進し、もって現在及び将来の国民の健康で文化的な生活の確保に寄与する」（一条）ことを目的とし、「健全で恵み豊かな環境を維持しつつ、環境への負荷の少ない……持続的に発展することができる社会」（四条）への転換を目指したもので、[87] 今後のわが国の環境政策の指針をなすものである。

2 解釈

(1) 環境権の意味と対象

(ア) 意味　憲法上の人権としての環境権の意味については、わが国での提唱者の用法に倣って、「環境を支配し、良き環境を享受しうる権利」[88]、あるいは、「健康で快適な生活を維持する条件としての良い環境を享受し、これを支配する権利」[89]と解する例が多い。

(イ) 対象　環境権によって保護される対象については、説が分かれている。

第一説は、自然環境（大気、水、土壌、日照、静穏、景観等）に限定する立場で、今日の多数説である。環境権が登場するにいたった沿革、対象をひろげると環境権の性格等が不明確となること、などが主な理由として指摘されている。[90]

第二説は、自然環境のほか、歴史的・文化的環境も含まれるとする立場である。たとえば、文化的遺産は「人間を人間たらしめている文化を形成し、ひとたび失われると取り返しのつかない価値を有しているものであるから、ひろい意味での環境権に含めることが可能」としつつ、下水道、ゴミ処理施設等の社会的環境については、自然環境の保全は社会的環境の整備としばしば対立することから、環境権に含めることは妥当ではないと説く見解である。[91]

第三説は、自然環境、文化的環境のほか、社会的環境も含まれると最も広義に理解する立場である。[92]

以上の三説のうち、今日、環境権に期待されている役割が、自然環境の保全を基本としつつも、各地方公共団体の公害防止条例にも示されているように、「快適な環境」の保全にまで拡大してきており[93]、こうした点からすれば、自然環境に限定することは狭きに失するともいえなくはないが、環境権が登場するにいたった沿革等からすれば第一説をもって妥当とすべきであろう。ところで、今日、環境権によって保護される対象に関して重要なのは、むしろ、環境権によって保護されるべき利益は個人の生命、身体、精神等の人格的利益を含むのか、それとも人格的利益を越えた環境的利益に限定されるのかという点にあるが、この点については、後述する。

(2) 環境権の法的性格

環境権が憲法上の根拠をもった基本的人権であること、また、公権力による生活環境の破壊の排除を求める自由権的側面（あるいは自由権としての環境権）と公権力による積極的な環境保全ないし改善のための施策を求める社会権的側面（あるいは社会権としての環境権）をもった権利であることは、今日の学説上一般に承認されている。[94]しかし、環境権の法的性格と憲法上の根拠については、説が分かれている。以下、自由権的側面と社会権的側面に分けて説明することにする。

(ア) 自由権的側面 (i) 憲法上の根拠 公権力による生活環境の破壊の排除を求めるという環境権の自由権的側面の憲法上の根拠については、以下の三説がある。

①第一説は、憲法一三条に求める説である。たとえば、憲法一三条の幸福追求権を「人格的自律の存在であり続ける上で必要不可欠な権利・自由を包摂する包括的な主観的権利」と解しつつ、騒音・悪臭等は「個人の尊厳、人格に対する阻害要因」であり、そうした意味で、「環境権は自然環境との関係で成立する一種の『人格権』とみることができる」として、「劣悪な環境から自由である利益」を内容とする環境権の自由権的側面の憲法上の根拠を一三条に求める説[95]や、一三条を「包括的自由権の保障規定」と解しつつ、環境は「物質的、精神的

価値を内在せしめた人格の一部」であり、「人間の幸福追求が一定の環境の下においてのみ可能」であることを考えれば、「いかなる形での破壊からも環境が守られるということは、幸福追求権に当然に含まれている」として、環境権の自由権的側面の憲法上の根拠を一三条に求める説[96]は、この立場を代表する例である。いずれにしても、この立場においては、環境権の自由権的側面は一三条に根拠づけられることにより、自由権としての環境権として捉えられている点に特徴をもつ。

第二説は、二五条に求める説である。たとえば、「『健康で文化的な最低限度の生活』を可能にするためには何よりも健康が確保されるに足る生活環境が必要」である以上、環境権は「二五条の生存権の一つの形態」であるとして、環境権の自由権的側面の憲法上の根拠を二五条に求める説[97]が代表的例である。そして、このように、二五条によって根拠づけられた環境権の自由権的側面については、生存権の場合と同様に、自由権としての環境権として理解する立場と社会権としての環境権に由来する効果として理解する立場がありうることとなろう[98]。

第三説は、一三条と二五条に求める説である。これが今日の多数説である[99]。なお、この立場における環境権の自由権的側面については、一三条と二五条によって自由権としての環境権が根拠づけられているとする立場と、一三条によっては自由権としての環境権が、二五条によっては社会権としての環境権に由来する自由権的側面がそれぞれ根拠づけられているとする立場、がありうることとなろうが、いずれにしても、環境権の自由権的側面は、ここでは、原則として自由権としての環境権として理解されていることになろう。

いずれの説が妥当か。「良い環境」は「健康で文化的な生活」に不可欠であるのみならず、「劣悪な自然環境」は「個人の尊厳や人格の発展に対する阻害要因」であることを考えれば、競合的保障説が妥当といえようが、二五条をもっぱら社会権に関する規定と解する立場にたてば、第三説の後説をもって妥当とすべきこととなろう。

(ii) 法的性格　自由権としての環境権の法的性格の問題は、これまではほとんどもっぱら、環境権は公権力あるいは私人による生活環境の破壊に対して差止請求の根拠となりうるかどうかという形で論じられてきた。この点について、学説・判例は、以下の立場に分かれている。

第一説は、環境権に差止請求の根拠となりうるという意味での具体的権利性を認める立場である。たとえば、わが国における環境権の提唱者は、環境が破壊されたりあるいはその危険がある場合には、地域住民は、裁判所に対して基本的人権としての環境権にもとづいて環境破壊行為の差止めを求めることができると主張していたほか[100]、この立場にたつ学説も少なくない[101]。

第二説は、環境破壊行為のうち、人格的利益を侵害する行為に対しては、人格権あるいは環境権の名において差止請求を認める立場である。この立場は、環境権をもって人格的利益をこえた環境的利益を内容とするものと理解する場合には、差止請求の根拠としての環境権を否定する立場ということになる。大阪空港公害訴訟控訴審判決（大阪高判昭和五〇・一一・二七判例時報七九七号三六頁）をはじめとする多くの下級審判決のほか[102]、支配的学説がこの立場にたつ。

支配的学説は、上記の下級審判決と異なり、概して環境権をもって人格的利益を含むものと広義に解することにより、限定的ながら環境権をもって差止請求の根拠となりうることを認める見解が有力である。たとえば、環境権は、内容不明確な点があることから、「抽象的な法的権利の域にある」としつつも、「人格権として明確な内容をもつものであることが認められる場合、その人格的利益が公法上もしくは私法上の法理と手続に従って保護されるべきであることは当然」だと説く見解や、「いわゆる『環境権』中の人格権と目しうるような内実のものについては――それを『環境権』と呼ぶかどうかは別にして――公法上、あるいは私法上の法理と手続に従って、保護さるべきもの」だと主張する見解がその例である。そして、こうした立場にたてば、前記大阪空港公害訴訟控訴審判決は「環境権の保護法益のうち、人の生命、身体、精神および生活に関する部分を人格権として認めたもので、環境権の主張を当面人格権の部分に限りその法的権利性を認めたもの」、あるいは、「実質的には環境的利益を法的保護に値するものとしたものであり、環境権を承認したものということができる」ということとなろう。

ところで、この立場は、人格的利益を越えた環境的利益を内容とする場合には、環境権が差止請求の根拠となることを認めないことになるが、学説・判例上その理由として指摘されているのは、以下の点である。第一に、権利の内容、範囲、効果、当事者適格等が不明確であること、第二に、環境権の憲法上の根拠とされる一三条や二五条は個々の国民に直接具体的権利を保障した規定ではないこと、第三に、生命・身体等の人格的利益の侵害に対しては人格権を根拠とした差止請求が認められるから、差止請求の根拠として、別途、環境権を認める必要性が乏しいこと、第四に、環境保全と産業開発の調整は政治的・政策的次元の問題であるから、環境破壊行為が個人の具体的な権利侵害を伴わない限り、その差止めの可否は政治過程を通じて決定されるべきこと、である。

環境権の法的性格の問題は、右にみたように、従来はほとんどもっぱら同権利が差止請求の根拠たりうるか否かという観点から論じられてきた。しかし、環境的利益の裁判的保障ないし救済の方法としては、差止請求以外にもいろいろありうる。たとえば、環境破壊を行政処分の違法事由とすることや、開発行為を行うにあたって事前の環境影響評価手続を十分に行わなかったような場合には、企業側に不利に考慮して判決を下すという形で環境的利益の保護を実質的にはかっていく方法、である。そして、このような様々な方法で環境的利益が裁判的に保障されていくとき、差止請求の根拠となりえないからといって環境権を直ちに抽象的・理念的権利にとどまるとみることは妥当でないことになろう。

(イ) 社会権的側面 (i) 憲法上の根拠 公権力による積極的な環境保全ないし改善のための施策を求めるという環境権の社会権的側面あるいは社会権としての環境権の憲法上の根拠は、今日の学説では一般に二五条に求められている。また、その理由としては、良い環境が「健康で文化的な最低限度の生活」に不可欠であることと及び良い環境の実現は公権力による積極的な施策にまつところが大きいこと、の二点が指摘されている。

(ii) 法的性格 二五条に基礎づけられた社会権としての環境権は、抽象的権利にとどまり、具体的な環境保護請求権は法律の制定によって初めて認められると解されている。また、「国民の『健康で文化的な最低限度の生活』に直接かかわる環境破壊に基づく被害」に関し、国の施策が不十分である場合には、二五条違反の問題が生じうることを示唆し、限定的ながら裁判規範性を認める見解もみられる。

(iii) 意義 環境権は、今日の学説上、憲法上の人権として広く承認され、それ自体としては差止請求の根拠となりうることは認められていないものの、環境権の保護法益は様々な形で司法的保障と救済をうけるにいたっており、こうした意味では抽象的・理念的権利としての性格を基本としつつも、決してそれにとどまらない性格を今日ではもつにいたっている。のみならず、抽象的・理念的権利にとどまるとしても、憲法上の人権として価値づけられた環境権がもちうる意義は決して小さくはない。そうした意義として、学説上、以下の諸点が指摘されている。①環境政策及び環境立法に対して方向づけを与え、その運用において指導理念と解釈原理を提供すること、[117] ②社会状況の変化等を通して、将来、具体的権利性を強めていく可能性をもっていること、[118] ③環境保全を目的とする行政庁の監督措置が違法に行われた場合には、これによって悪影響を蒙る住民に当該監督措置を争う原告適格を付与する根拠を提供すること、[119] ④生活環境の保全と改善のための行政における地域住民の主体性の確立と住民参加を根拠づけること、[120] などである。

（1） もっとも、内大臣府における憲法調査の結果として出された佐々木草案の中では、「『臣民ハ法律ノ定ムル所ニ依リ人間必需ノ生活ヲ享受スルノ権利ヲ有スルコト』とする」と定められていた（佐藤達夫・日本国憲法成立史 第一巻（有斐閣・一九六二）二一六頁）。
（2） 佐藤達夫・日本国憲法成立史 第二巻（有斐閣・一九六四）七三八頁。
（3） 佐藤（達）・注（2）七七二頁。
（4） 佐藤（達）・注（2）七八一頁。
（5） 高柳賢三＝大友一郎＝田中英夫編著・日本国憲法制定の過程Ⅰ（有斐閣・一九七二）四八二頁。
（6） 参照、池田政章「生存権」ジュリスト六三八号（一九七七）三五五頁。
（7） 高柳賢三＝大友一郎＝田中英夫編著・日本国憲法制定の過程Ⅱ（有斐閣・一九七二）一六八頁。
（8） 高柳＝大友＝田中編著・注（7）一七六頁。
（9） 清水伸編著・逐条日本国憲法審議録 第二巻〔増訂版〕（日本世論調査研究所・一九七六）五五〇頁。
（10） 佐藤幸治・憲法〔新版〕（青林書院・一九九〇）七頁。
（11） 法学協会編・註解日本国憲法（上）（有斐閣・一九五三）四八一頁、俵静夫「経済的基本権の法的特質」国民経済雑誌八〇巻一・

二号（一九四九）一六頁。

(12) 法学協会編・注(11)四八一頁。

(13) 生存権理念の沿革については、小林直樹・憲法の構成原理（東京大学出版会・一九六一）二八八頁。

(14) 「社会国家」ないしは「福祉国家」については、それを「国民のすべての階層、ことに物質的にも恵まれない者にも、人間に値いするような生活をさせることを使命とする国家」（清宮四郎・憲法Ⅰ〔第三版〕（有斐閣・一九七九）六六頁）というように、定義上は社会主義国家をも含みうる言葉として用いる用法と、社会主義国家を含まない言葉として用いる用法（田上穣治編・体系憲法事典（青林書院・一九六八）五七頁、七九頁以下）があるが、思想的構造的観点からここでは後者の用法にならうことにする。

(15) 米沢広一「福祉受給権をめぐる憲法問題（一）」民商法雑誌七八巻六号（一九七八）八一頁以下、戸松秀典「憲法訴訟と『立法府の裁量』の理論」成城法学一号（一九七八）二四一頁以下、芦部信喜「憲法訴訟と『二重の基準』の理論」田中二郎先生古稀記念・公法の理論 下Ⅰ（有斐閣・一九七七）一五五〇頁以下。

(16) 鈴木安蔵「社会国家の理念と実態」公法研究二八号（一九六六）八頁、同・現代福祉国家論批判（法律文化社・一九六七）七頁。

(17) 法学協会編・注(11)四八七頁。我妻栄・憲法と私法（民法研究Ⅷ）（有斐閣・一九七〇）一六六頁、一八五－八六頁）も、スターリン憲法における「生存権的基本権」は「国民に直接具体的権利を賦与するもの」で、「ワイマール憲法の転換した方向をさらに一層進展させるもの」だと評しつつ、「生存権的基本権」を「具体的権利」として認めるためには、「国の経済組織および社会組織の根本的な変革を必要とする」と主張し、また、橋本公亘（日本国憲法〔改訂版〕（有斐閣・一九八八）三九〇頁）も、「資本主義経済制度の下では、生存権をはじめ各種の社会権を完全に実現することはできない」が、「社会主義経済制度の下では、生存権等の保障は具体的権利の方向へと進んでいると思われる」と述べている。同旨、森順次「生存権」大西芳雄＝佐藤功編・総合判例研究叢書 憲法（一）（有斐閣・一九五八）一五三－五四頁、横川博「生存権の保障」清宮四郎＝佐藤功編・憲法講座 第二巻（有斐閣・一九六三）二二一頁。

(18) 佐藤（幸）・注(10)五四一頁。

(19) 大須賀明・生存権論（日本評論社・一九八四）一九頁。

(20) 我妻・注(17)一一二頁、一六八頁。

(21) 田口精一＝川添利幸編・憲法(法学書院・一九七二)四〇一頁〔田口執筆〕。

(22) 我妻は、「主権が国民に在り、その運用が国民の総意に基づいてなされるものとすれば、国家と個人の対立は止揚され……国家と個人は有機的に結合された全と個との関係となるべきである」、「国民が全体として有する主権は、個人の基本的人権を確認・保障することをもってその本質的内容となし、個人の基本的人権は、国家すなわち国民全体の向上発展をもってその本質的内容とするものでなければならない」と説き、「協同体理念」をもって「二〇世紀の新たな民主主義的国家原理」となると述べて、民主主義の進展が国家の協同体化を促進する傾向をもつことを指摘している(我妻・注(17)二四六頁)。

(23) 参照、佐藤(幸)・注(10)三五三頁。なお、芦部信喜編・憲法Ⅲ　人権(二)三三二頁〔中村睦男執筆〕は、福祉国家において個人の自律的地位を確保するために、「福祉過程ないし社会保障過程への国民利害関係者の参加」を提唱し、小林直樹(現代基本権の展開(岩波書店・一九七六)二二四－二二五頁)も、社会国家における「国家統制の行き過ぎや禍害を防ぐために」は、「自治体が福祉行政の大部分を担当し、その過程に出来るかぎり住民の参加をとり入れること」を提唱する。

(24) 従来の支配的学説は、自由権と社会権の区別にたって、生存権を他の社会権の母体となりうる総則的ないし包括的権利と位置づけてきたが、近時、日本国憲法が保障する基本的人権の基礎を「個人の自律」に求め(佐藤幸治「立憲主義といわゆる『二重の基準論』」芦部信喜先生古稀記念・現代立憲主義の展開(上)(有斐閣・一九九三)一五頁)、生存権を「個人の尊厳」原理と結びついた「個人の人格的自律」の維持・発展の手段として位置づけることにより、憲法一三条の幸福追求権とのかかわりで捉える見解(佐藤(幸)・注(10)二七－二八頁、四〇六頁)が提唱されている。

(25) 支配的解釈のもとでは、生存権は経済的自由権に対する政策的制約を根拠づける正当化事由と解されてきた(宮沢俊義〔芦部信喜補訂〕・全訂日本国憲法(日本評論社・一九七八)二〇〇－二〇二頁、法学協会編・注(11)四八四頁等)。しかし、こうした解釈に対して、近時、「経済的弱者」の生存権保障達成の手段としては、給付行政から規制行政まで様々あるとすれば、「生存権保障の財産権保障に対する優先的尊重という憲法の価値選択」から「当然に経済的強者の財産権に対する制約という規制類型が許されることまでが……出てくるわけではない」とする批判(棟居快行・人権論の新構成(信山社・一九九二)二四九頁)が出されている。

(26) 法学協会編・注(11)四九〇頁、伊藤正己・憲法〔新版〕(弘文堂・一九九〇)三七〇頁、樋口陽一＝佐藤幸治＝中村睦男＝浦部法穂・注釈日本国憲法（上）（青林書院・一九八四）五八九頁〔中村執筆〕。

(27) 堀木訴訟上告審判決で、最高裁は、二五条一項は、「いわゆる福祉国家の理念に基づき、すべての国民が健康で文化的な最低限度の生活を営みうるよう国政を運営すべきことを国の責務として宣言したものであること、また、同条二項は……同じく福祉国家の理念に基づき、社会的立法及び社会的施設の創造拡充に努力すべきことを国の責務として宣言したものであること、そして、同条一項は、国が個々の国民に対して具体的・現実的に右のような義務を有することを規定したものではなく、同条二項によって国の責務であるとされている社会的立法及び社会的施設の創造拡充により個々の国民の具体的・現実的な生活権が設定充実されてゆくものであると解すべき」と判示した（最大判昭和五七・七・七民集三六巻七号一二三五頁）。

(28) 樋口＝佐藤＝中村＝浦部・注(26)五八八頁〔中村執筆〕、芦部編・注(23)三五七頁〔中村執筆〕、浦部法穂・憲法学教室Ⅰ（日本評論社・一九八八）二九五頁等。なお、この点については後述する。

(29) 一項・二項分離説に類似した考え方は、判例に先立って、若干の学説によって主張されていた。たとえば、西原道雄（「生存権保障の手続と生活保護基準（一）」判例時報三六五号（一九六四）三〇－三一頁）は、国は、社会保険や公衆衛生については政治的・道義的責任を負っているにすぎないが、公的扶助については法的義務を有すると主張し、籾井常喜（「生存権条項の二重構造的把握について」有泉亨先生古稀記念・労働法の解釈理論（有斐閣・一九七六）五三〇頁）も、二五条一項は、「最低限度の生活」水準に達するまで生活保障をすべき国の責任を明らかにしたもので、「緊急的生存権」の保障を内容とするのに対して、二項は、「最低限度の生活」水準を上回る条件の維持・向上についての国の努力義務を定めたものだと説いていた。

(30) 佐藤功「憲法二五条の生存権保障の構造」法学セミナー三二一号（一九八一）七一頁、樋口＝佐藤＝中村＝浦部・注(26)四三五－三七頁〔中村執筆〕。

(31) 阿部照哉・演習憲法（有斐閣・一九八五）一四〇頁。

(32) 阿部・注(31)一三九頁。戸波江二「生存権訴訟における判例と学説」公法研究四八号（一九八六）七六頁。

(33) 奥平康弘・憲法Ⅲ（有斐閣・一九九三）二五〇頁。

(34) 浦部法穂・判例評論二七〇号（一九八一）一一頁、河野正輝「憲法二五条と『防貧施策』」法律時報四八巻五号（一九七六）一八頁。

(35) 二五条一項と二項を分離する説を検討したものとして、鳥居喜代和「年金訴訟における憲法二五条論の動向」立命館法学一五九＝一六〇号(一九八二)一〇〇頁以下がある。

(36) 芦部編・注(23)三四六－六〇頁[中村執筆]、伊藤・注(26)三七〇－七四頁、奥平・注(33)二四七－四八頁、野中俊彦＝中村睦男＝高橋和之＝高見勝利・憲法Ⅰ(有斐閣・一九九二)四四九頁[中村執筆]。なお、比較的早く、二五条の法的性格を裁判的保障という観点から検討したものとして、山下健次「生存権の裁判的保障」法学教室二期三号(一九七三)二〇頁がある。

(37) プログラム規定という言葉は、ワイマール憲法下の学説に由来する(ワイマール憲法下の学説については、高田敏「生存権保障規定の法的性格」公法研究二六号(一九六四)八七頁、内野正幸・社会権の歴史的展開(信山社・一九九二)五一頁以下)。ドイツでは、プログラム規定(Programmsatz)という言葉は法規(定)(Rechtssatz)という言葉との対比で用いられていた。しかし、わが国においては、この言葉は、大別すると、①法規範性あるいは法規性をもたない規定と解する立場(伊藤・注(26)三七一頁、佐藤(幸)・注(10)五四一頁、奥平・注(33)二四三頁、芦部信喜＝小嶋和司＝田口精一・憲法の基礎知識(有斐閣・一九六六)九九頁[田口執筆])と、②裁判規範性をもたない規定と解する立場(芦部編・注(23)三三三頁[中村執筆])の別がみられるが、ここでは、さしあたり、②の用法にしたがうことにする。なお、芦部は、「施政の一般方針を宣言するにとどまる」規定を「純然たるプログラム規定」とよんでいる(同・憲法訴訟の理論(有斐閣・一九七三)四一九頁)。

(38) 法学協会編・注(11)四八八－八九頁。ほぼ同旨、我妻・注(17)八五頁。

(39) 伊藤正己「基本的人権」国家学会雑誌七二巻五号(一九五八)六九－七〇頁。

(40) 高田・注(37)九五－九六頁。なお、同論文では、違憲確認訴訟を認めるためには憲法事件訴訟法を新たに制定する必要があると説かれていたが、その後、同訴訟は現行法上特殊な無名抗告訴訟として構成すべきだと主張されている(同「現代における法治行政の構造」渡辺宗太郎先生古稀記念・行政救済の諸問題(有信堂・一九七〇)五二－五三頁)。ちなみに、高田は、生存権が「完全な権利」たりうることの「実質的基盤」として、生存権保障のために必要であれば、立法府は、憲法二九条二項にもとづいて必要な立法措置を講じなければならないという、日本国憲法における「財産権の公共性」を指摘する(同五一－五二頁)。

(41) 大須賀明「憲法上の不作為」早稲田法学四四巻一＝二号(一九六六)一五五頁以下、同「社会権の法理」公法研究三四号(一九七二)

一一三頁以下（以上の論説は、同・注（19）に収録されている）。同旨、・芦部信喜＝高橋和之編・憲法判例百選Ⅱ〔第二版〕（有斐閣・一九八八）二八一頁［杉村敏正執筆］。長尾一紘・日本国憲法〔新版〕（世界思想社・一九八八）二六七頁も、二五条が定める権利のうち、「人間の尊厳を確保するために必要不可欠な部分」たる「生存権」は、立法府の不作為の違憲確認を裁判において主張しうる現実的権利だとする。

（42）このほか、和田鶴蔵（「生存権」田畑忍編・憲法判例綜合研究（ミネルヴァ書房・一九六三）八五－八六頁）が、「個々の国民に要救済状態が発生しているのに、それを救済する立法がなされていない」ときは、「要救済状態にあるもの」は、二五条にもとづいて裁判所にその確認を求めることができ、国会は、裁判所の確認判決にもとづいて救済立法を制定することを義務づけられる、と主張する。

（43）戸波・注（32）七四頁、野中俊彦「立法義務と違憲審査権」芦部信喜先生還暦記念・憲法訴訟と人権の理論（有斐閣・一九八五）一八九頁。

（44）野中俊彦＝江橋崇＝浦部法穂＝戸波江二・ゼミナール憲法裁判（日本評論社・一九八六）七四頁［浦部執筆］。

（45）伊藤・注（26）三七二頁、浦部法穂・憲法学教室Ⅱ（日本評論社・一九九一）二八七頁。

（46）奥平康弘＝杉原泰雄編・憲法学3（有斐閣・一九七七）七三頁［奥平執筆］。

（47）戸波・注（32）六九－七二頁。また、森田友喜（「生存権の法的保障」清水望先生還暦記念・憲法における制度と思想（成文堂・一九八四）一九二頁）も、生存権の内容は特定の国の特定の時点においては客観的に決定することができるとする立場にたって、立法が存在しない場合には要保護者は直接内閣に対して生活保護を求めることができ、内閣により給付がなされない場合には、裁判所に救済を求めることができると主張する。

（48）最大判昭和二三・九・二九刑集二巻一号一二三五頁。同旨、最判昭和二八・四・八刑集七巻四号七七五頁等。

（49）最大判昭和四二・五・二四民集二一巻五号一〇四三頁。なお、本判決の立場については、政治部門の裁量を広く認めている点を重視して、実質上プログラム規定説に近いと評する見解（奥平康弘・判例評論一〇四号（一九六七）一四頁）と、二五条の裁判規範性を認めている点を重視して、抽象的権利説にたつと評する見解（芦部＝高橋編・注（41）二八一頁［杉村執筆］）がみられる。

(50) 最大判昭和五七・七・七民集三六巻七号一二三五頁。なお、戸松秀典「堀木訴訟最高裁判決と立法裁量論」ジュリスト七七三号(一九八二)一四－一五頁は、本判決の意義として、二五条が立法府の広い裁量を許す規定であることを明らかにしたことにより、二五条の法的性格をめぐるこれまでの学説上の論争に対して、裁判法理の上で一応の決着をつけた点を指摘している。また、本判決の立場については、プログラム規定説と立法裁量論の混在したものと評する見解(阿部照哉・判例評論二九一号(一九八三)八頁)やプログラム規定説に近いと評する見解(藤井俊夫「堀木訴訟上告審判決」ジュリスト七九二号(一九八三)三一頁)がみられる。

(51) 総評サラリーマン税金訴訟最高裁判決(最判平成元・二・七判例時報一三一二号六九頁)、塩見訴訟最高裁判決(最判平成元・三・二判例時報一三六三号六八頁)等。

(52) 「最低限度の生活」を積極的に侵害する立法等を無効とする見解もこの立場に属するが、それについては、生存権の「自由権的側面」として、次節で扱うことにする。

(53) 芦部編・注(23)三五七頁[中村執筆]。この他、浦部(注(28)二九五頁)も、二五条が保障する生存権の内容を「健康で文化的な最低限度の生活」と「それ以上のより健康でより文化的な生活」に分け、前者の保障については、国の側に「裁量の余地はない」が、後者の保障は「立法府の裁量に委ねられている」とし、佐藤幸治(注(10)五四三－四四頁)も、一項が保障する生存権と二項が保障する「広義の生存権」を区別し、前者は「立法・行裁部門の決定を『健康で文化的な最低限度の生活』に達しないとするだけの確定的な内容をもっている」とするのに対して、後者については、「明らかに合理性を欠く恣意的なものと認められない限り、立法裁量の範囲に属する」と説き、佐藤功(ポケット註釈憲法(上)〔新版〕(有斐閣・一九八三)四三八頁)も、二五条にもとづく施策のうちには「性質・目的に応じて、立法裁量の範囲が広く認められてよいものもある」が、「生活保護法における保護基準については、この施策の目的・性質上、厳格な違憲審査基準が適用されて然るべき」だとして、実質上ほぼ同じ立場にたつ。また、阿部(注(31)一三九頁)も、二五条一項・二項分離説に関連して、社会保障の領域を「救貧施策」と「防貧施策」に区別し、それに応じて司法審査の判断基準に差を認めることを肯定する。このほか、大須賀・注(19)一二八頁、戸波・注(32)七六頁、長尾・注(41)二七二頁もほぼ同旨。

(54) 芦部編・注(23)三五六－五七頁[中村執筆]。同旨、戸波・注(32)六九－七二頁、浦部・注(53)二八六－九二頁、野中俊彦＝浦部法穂・憲法の解釈2(三省堂・一九九〇)二七三頁[浦部執筆]。このほか、「最低限度の生活」水準は客観的に確定することができかつ同水準は予算の配分を支配すべきだと説く大須賀の立場（注（19）九六－九七頁）や、憲法は「客観的な最低限度の生活水準なるものを想定して、国に前記責務を賦課したものとみるのが妥当」だとしつつ、厚生大臣の保護基準設定行為は右の「最低限度の生活水準の内容を合理的に探求してこれを金額に具現する法の執行行為」だとする、朝日訴訟最高裁判決における奥野補足意見の立場も実質上同じ立場にたっているとみることができる。

（55） 朝日訴訟一審判決の立場を支持する学説として、芦部＝高橋編・注（41）二八一頁［杉村執筆］、芦部・注（37）四二一－二三頁、佐藤（幸）・注（10）五四三頁。

（56） 伊藤・注（26）三七四頁、中山勲「生存権裁判における違憲審査基準と挙証責任」法と政治の現代的課題（大阪大学法学部・一九八一）八五頁以下、岩間「生存権訴訟における『厳格な審査』」芦部信喜先生古稀記念・注（24）七五三頁（岩間・戦後憲法学の諸相（尚学社・二〇〇八）三頁以下所収）。

（57） 原田尚彦「朝日判決と行政訴訟」ジュリスト三七四号（一九六七）三六頁。また、我妻（注（17）一八七－八八頁）も、生存権的基本権の実現のために国がなすべき施策の内容は、憲法でいかに具体的に定められていても、「常に、政府が、財政その他とにらみあわせて攻究立案しなければならないもの」であり、もし、これを「裁判所が決定して政府に強制してやらせることになれば、行政は司法の手に移ることになり、責任内閣制度は破れることになる」と主張し、小嶋和司（「二五条の法意」判例百選〔第二版〕（一九六五）九頁）も、国家が給付すべき「健康で文化的な最低限度の生活」がいかなる程度のものであるべきかの問題は、「多面的かつ政策的な判断なくしては決することができず、裁判官による単純な片面的判断には適しない」とする。

（58） 生存権の財政的・経済的被制約性を指摘するものとして、芦部＝小嶋＝田口・注（37）一〇二－一〇三頁［田口執筆］。また、松井茂記（「福祉国家の憲法学」ジュリスト一〇二二号（一九九三）七三頁）も、生存権の財政的・経済的被制約性は、「生存権を裁判所を通して保障することの限界を示唆する」とする。ちなみに、ドイツでは、ヘルツォーク（Maunz/Dürig/Herzog, Grundgesetz, Art. 20, Rdnr. 23, 25）が、基本法が定める「社会国家原理」の実現は最終的には社会の総生産の発展に依存することを指摘しつつ、「社会国家原理」の実現は、「まず第一に、政治的な裁量的決定事項」だとする。

（59） 芦部信喜・憲法訴訟の現代的展開（有斐閣・一九八一）一一三頁。

（60） 清宮四郎＝佐藤功編・憲法演習（有斐閣・一九五九）六一－六三頁〔佐藤執筆〕、橋本公亘・憲法原論（有斐閣・一九五九）二三八－三九頁、鵜飼信成・憲法（全書）（岩波書店・一九五六）一四一頁、横川・注（17）二三〇頁、覚道豊治「憲法における自由裁量の概念」阪大法学四〇＝四一号（一九六二）一〇七－一〇頁。

（61） 我妻・注（17）二四〇頁、法学協会編・注（11）四八八頁、清宮＝佐藤編・注（60）六三頁〔佐藤執筆〕、覚道・注（60）一一〇頁、横川・注（17）二三〇頁等。

（62） 芦部信喜・憲法学Ⅱ（有斐閣・一九九四）八三頁、同・憲法（岩波書店・一九九三）七六頁、伊藤・注（26）三六九頁、野中＝中村＝高橋＝高見・注（36）四四四頁〔中村執筆〕等。もっとも、生存権に「自由権的側面」を認める考え方に懐疑的ないし批判的な学説（佐藤（幸）・注（10）五四二頁）もある。

（63） 岡田訴訟控訴審判決、総評サラリーマン税金訴訟一審判決（東京地判昭和五五・三・二六判例時報九六二号二七頁）等。

（64） 二五条一項にもとづく不作為要求に、「権利の自由権的構造自体からくる不作為要求」と、「作為要求を権利構造としてもつことを前提に、これに対する不当な介入を排除する不作為要求」の別があることを指摘するものとして、山下健次「生存権規定の『自由権的効果』」立命館法学一一六＝一一七＝一一八号（一九七四）五〇八頁。なお、長尾一紘（注（41）二六五頁）も、社会権の自由権的側面は、「自由権そのものとしてのものと、請求権的側面の保障の効果としてのもの」とに分けることができる、とする。

（65） 中村睦男＝永井憲一・生存権・教育権（法律文化社・一九八九）一一九－二五頁〔中村執筆〕。また、大須賀（注（41）「社会権の法理」一一四頁）も、二五条は「国の積極的な関与による国民の『最低限度の生活』の保障」を国に義務づけている側面（「社会権としての生存権」）と同時に、国民が「自らの責任において生活を維持ないしは拡充しようとする営為が国の行為によって侵害されるときは、かかる行為は違憲無効なものとして司法的に排除されうるという法的効果（「自由権としての生存権」）」をもち、こうした意味で、「生存権条項は、権利の法的性格を異にする自由権と社会権が、二重に内包せしめられている特殊な構造をもつ人権条項」だと述べ、同じ立場にたつ。

（66） 法学協会編・注（11）四八三頁以下。

（67） 奥平＝杉原編・注（46）五六－五七頁〔奥平執筆〕。また、山下健次（注（64）五〇九頁以下）も、従来二五条の「自由権的効果」として論じられてきたものの多くは「直接には、財産権などの他の権利の効果を媒介にして処理することができる」と述べつつ、二五条にもとづく不作為請求を「社会権としての生存権」に由来するものに限定し、田口精一（芦部＝小嶋＝田口・注（37）一〇五頁）も、国の行為が生存権の侵害になるような場合は、同行為を裁判で争うことができるとすることは、「敢えて二五条を持ち出すまでもなく、自由権の保障から当然に推測できること」であり、「二五条の本旨」は「あくまでも国の生活援助に関する給付を求めるべき生活保障の権利の確立を目的としているもの」だと主張する。ちなみに、一九九〇年五月二九日のドイツ連邦憲法裁判所の判決（BVerfGE 82, 60）は、国は「最低限度の生活」（Existenzminimum）に必要な所得は非課税としなければならないとする最低生活費非課税の原則を初めて憲法上の原則として認めたが、その憲法上の根拠を社会国家の原則（基本法二〇条一項）と人間の尊厳条項（基本法一条一項）から生じる、「最低限度の生活」に対する国の保障義務に求めている点が注目される（同判決については、岩間「所得に応じた児童手当の削減と最低生活費非課税の原則」自治研究六九巻四号（一九九四）一三三頁を参照〔同・戦後憲法学の諸相（尚学社・二〇〇八）一二一頁以下所収〕）。

（68）　佐藤（功）・注（53）四三三頁。

（69）　したがって、「最低限度の生活」の認定を政治部門の政策的判断に委ねる最高裁判決の立場においては、「自由権的側面」は認められないこととなろう。また、前記第二説にたって「自由権的側面」を認める岡田訴訟控訴審判決も、他方では、「健康で文化的な最低限度の生活」は「抽象的な概念」であり、したがって、二五条一項によって国が負うところの法的義務は「抽象的なもの」だとする立場にたっている以上、実質的には「自由権的側面」否定説ということとなろうし、同じく前記第一説にたって「自由権的側面」を認める総評サラリーマン税金訴訟一審判決も、他方では、「健康で文化的な最低限度の生活」の認定判断は「立法府の合目的的な裁量判断」に委ねられるとする立場にたつから、実質上司法審査を放棄するに等しい審査基準（課税最低限が「現実の生活条件を無視したことが一見して明白な程に低額」である場合に違憲となるとする）を採用することになっている。

（70）　芦部信喜「生存権の憲法訴訟と立法裁量」（法学教室二四号（一九八二）九五頁）は、福祉の受給と平等原則の関係に関する憲法判断のあり方として、①社会経済立法に関する立法府の裁量（立法裁量）を承認しながらも、生存権の重要性にかんがみ、その保障の公平という実質的平等を重視して、憲法一四条違反の有無を厳格に審査する方法と、②生存権規定のプログラム性と結びつけて社会経済立法に関する立法裁量を強調し、平等原則との関係については「一応の合理性」の有無の審査をもって足り、むしろそれに止めるべきであるとする方法、の二つがありうることを指摘している。以下では、原則としてこの指摘にしたがって説明することにする。

(71) このほか、国民年金法所定の老齢福祉年金の夫婦受給制限規定の平等原則適否が争われた松本訴訟一審判決（神戸地判昭和四九・一〇・一一行裁例集二五巻一一号一三九三頁）が、老齢福祉年金は老齢者に対して生活実態を問わず一律に年金を支給するという形式的平等の理念に立脚するものであること、受給者が夫婦の場合生活費の共通部分の節約をなしうることは「経験則上明らか」であること、支給制限をしない場合には単身の受給者との間に均衡を失することになることから該制限規定は合理性があり、一四条に反しない旨判示し、同じ立場にたつ。

(72) なお、堀木訴訟控訴審判決は、二五条一項・二項分離説に立って、「防貧施策」については、二五条との関係で立法府の裁量を広く認めつつ、一四条との関係でも合理性をゆるやかに審査する立場をとるが、「救貧施策」については、二五条との関係で立法府の裁量を限定する審査方法をとることを示唆しており、こうした点からすると、一四条との関係でも合理性を厳格に審査する立場をとることを示唆しているとみることもできる。

(73) 芦部・注(70)九九頁、同「憲法一四条一項の構造と違憲審査基準」法学教室一三九号（一九九二）九五頁、戸松・注(50)一七一—一八頁。

(74) 芦部信喜「平等思想の展開と実定法」法学教室一三七号（一九九二）七四頁。

(75) 法学協会編・注(11)三五二頁、伊藤・注(26)二四一頁、樋口＝佐藤＝中村＝浦部・注(26)三一九頁［浦部執筆］。

(76) 芦部・注(73)九五頁。

(77) 芦部信喜「平等に関する基本判例」法学教室一四四号（一九九二）七八頁。同旨、戸松・注(50)一七頁。

(78) 差別的取扱いの合理性の判定にさいして、実質的な平等の趣旨を重視する方法としては、このほかに、一四条に生存権保障の役割を果たさせる方法がありうる。たとえば、芦部は、原則として実質的平等を実現する「法的な義務は社会権の保障にかかわる問題」であり、「平等原則との関係では実質的平等の実現は国の政治的義務にとどまる」としつつ、合理的差別にあたるか否かの判定にさいしては、「実質的平等の趣旨が最大限考慮されなければなら」ず、したがって、「実質的平等を達成するために形式的平等を制限する法令等が、その理由で合憲となる場合もありうる」（注（62）〔憲法〕一〇八頁）のみならず、「実質的平等を侵害すると解される法令等が、その理由で違憲となる場合もありうる」（注（74）七四頁）と説くが、この見解をおしすすめれば、たとえば、年金等の併給制限によって「最低限度の生活」が侵害されるような場合には、かりにその併給制限が形式的平等の観点から厳格に審査して「合理的理由」があると認められたとしても、平等原則に反するということになろう。日本国憲法のもとでは、平等原則に実質的平等の実現の役割を果たさせるのが妥当かどうか、このような場合はあくまでも二五条の問題として処理すべきなのかどうかは、今後検討されるべき問題であろう。

（79）このほか、一九八一年の改正にさいして国籍要件が撤廃されなかった生活保護法については、従前より行裁通達（昭和二九年社発三八二号）によって、生活に困窮する外国人に対しては国民に対する取扱いに準じて必要と認める保護を行うこととされていた。

（80）定住外国人については、学説上では、「日本社会に生活の本拠をもち、その生活実態において自己の国籍国をも含む他のいかなる国にもまして日本と深く結びついており、その点では日本に居住する日本国民と同等の立場にあるが、日本国籍を有しない者」と定義されている（大沼保昭「『外国人の人権』論再構成の試み」法学協会編・法学協会百周年記念論文集 第二巻（有斐閣・一九八三）三八四頁、芦部・憲法学Ⅱ 一三〇頁）。

（81）宮沢俊義・憲法Ⅱ〔新版〕（有斐閣・一九七四）二四一頁。もっとも、社会権の保障を外国人に及ぼすことが憲法の趣旨に反するとまで主張されているわけではない（同二三五頁、佐藤（功）・注（53）二三一頁）。

（82）塩見訴訟一審判決、同控訴審判決（大阪高判昭和五九・一二・一九行裁例集三五巻一二号二二二〇頁）等。

（83）芦部・憲法学Ⅱ 一三七頁、芦部信喜編・憲法Ⅱ（有斐閣・一九八一）一二一－一三頁〔芦部執筆〕。このほか、伊藤（注（26）一九七－九八頁）も、原則として消極説に立ちつつ、ある限度で立法政策として社会権の享有を永住権をもつ外国人等に及ぼすことが「憲法の趣旨にかなうことが多い」と説き、萩野芳夫（基本的人権の研究（法律文化社・一九八〇）六四頁、二五二頁）も、原則として消極説に立ちつつ、「人間としての基本的条件にかかわっている」場合には、定住外国人に対して人権規定が準用されるべきだと主張する。

(84) 芦部・憲法学Ⅱ 一四九頁。

(85) 大沼・注(80)三七五―四一一頁。作間忠雄(「外国人の基本的人権」法学教室第二期七号(一九七五)一〇九頁)も、原則として消極説にたちつつ、在留朝鮮人や台湾人は「国民と同等に扱うべきである」と主張するほか、浦部法穂(注(28)六九―七〇頁)も、定住外国人について積極説にたっているようである。このほか、社会権の性質と定住外国人の実態を主たる根拠として積極に解する説として、小川政亮「社会保障と国籍」法律時報五三巻七号(一九八一)二八頁、河野正輝「外国人と社会保障」ジュリスト七八一号(一九八三)五一―五二頁、高藤昭「国際規範からみたわが国社会保障法の国際化の現状と課題」社会労働研究三五巻一号(一九八八)七三頁がある。なお、塩見訴訟一審判決は、二五条一項・二項分離説に立ちつつ、「防貧施策」の国籍要件については「立法政策の問題」だとするが、「救貧施策」としての生活保護については、それを在日朝鮮人に行裁措置としてでも与えないときは平等原則に反することにもなりうることを示唆している。

(86) 「公害対策基本法」や「自然環境保全法」は、環境保全に対する国と地方公共団体の責務を定め(公害対策基本法一、四、五条。自然環境保全法二、四、九条)、前記②の類型を示すのに対して、一九六九年の東京都公害防止条例は、都民の「健康で安全かつ快適な生活を営む権利」と同権利を保障する都の義務を、また、京都府公害防止条例(一九七一年)も、府民の「豊かな自然と歴史的遺産の恩恵を享受し健康で快適な暮らしを営む権利」と府の公害防止義務をそれぞれ定め、③の類型を示す。

(87) 「環境基本法」制定の経緯等については、原田尚彦「公害・環境政策法制の推移と現状」ジュリスト一〇一五号(一九九三)四二頁、石野耕也「環境基本法の制定経緯と概要」ジュリスト一〇四一号(一九九四)四六頁。なお、同法には、権利内容について定説がみられない等の理由から、「環境権」という言葉は明記されなかったものの(石野・同四九頁)、第三条で、「環境を健全で恵み豊かなものとして維持することが人間の健康で文化的な生活に欠くことのできないものである」という認識が明記された。

(88) 芦部編・注(83)一八五頁〔阿部執筆〕。なお、提唱者の用法については、仁藤一＝池尾隆良「『環境権』の法理」法律時報四三巻三号(一九七一)一五八頁)、大阪弁護士会環境権研究会編・環境権(日本評論社・一九七三)五一頁。

(89) 芦部・憲法学Ⅱ 三六二頁。このほか、「良き環境を享受し、かつこれを支配する権利」(小林直樹・憲法講義(上)〔新版〕(東京大学出版会・一九八〇)五五九頁)、「良い環境を享受する権利」(伊藤・注(26)二三五頁)、「良い環境を享受し、かつこれを支配しうる権利であり、さらに人びとが健康な生活を維持し、快適な生活を求めるための権利」(松本昌悦・新しい人権と憲法問題(学陽書房・一九八四)一六六頁)と定義されている。

(90) 芦部・憲法学Ⅱ 三六二頁、小林(直)・注(23)二七八頁、佐藤幸治「幸福追求権」芦部信喜=池田政章=杉原泰雄編・演習憲法(青林書院・一九七三)二〇二頁、芦部編・注(83)一八八頁[阿部執筆]。

(91) 樋口=佐藤=中村=浦部・注(26)五九〇頁[中村執筆]。このほか、この立場にたつものとして、大須賀・注(19)一九九-二〇〇頁。

(92) 淡路剛久・環境権の法理と裁判(有斐閣・一九八〇)二九頁、松本・注(89)一六七頁以下。

(93) たとえば、東京都公害防止条例と京都府公害防止条例のほか、川崎市環境基本条例(二条一項)は、「健康で安全かつ快適な環境」を享有することの保障を定める。

(94) 芦部・憲法学Ⅱ 三六二頁。

(95) 佐藤(幸)・注(10)四〇三頁、同「環境権としての日照権」ジュリスト増刊(一九七四)二三四頁。

(96) 阿部照哉「現代人権論の一側面」公法研究三四号(一九七二)九四頁。なお、阿部(基本的人権の法理(有斐閣・一九七六)二一〇-一一頁)は、「二五条は生存権侵害に対する防衛権をも内包する」と解しつつ、「生存権にかかわるような環境破壊は、一三条と二五条が競合して保障している権利の侵害となる」と主張し、限定的ながら競合的保障説の立場にたつ。このほか、一三条保障説に立つものとして、竹中勲「憲法上の環境権の法的性格と救済方法(上)」判例時報一一六七号(一九八五)一七二-七三頁)がある。

(97) 佐藤(功)・注(53)一九五-九六頁。なお、佐藤は、一三条保障説も「あえて否定すべきでない」とする。

(98) 大須賀(注(19)一九二-九四頁)は、二五条に環境権の根拠を求めつつ、二五条は「社会権としての生存権のみならず、自由権としての生存権をも二重に保障している」と解し、環境権の自由権的側面を自由権としての環境権として理解する。

(99) 芦部・憲法学Ⅱ 三六三頁、小林(直)・注(89)五六一頁、中村=永井・注(65)一三八頁[中村執筆]。

(100) 大阪弁護士会環境権研究会編・注(88)四一頁、六一頁以下、仁藤=池尾・注(88)一五四頁以下。

(101) 高柳信一「環境権の保護について」法律時報四三巻八号(一九七一)六〇-六二頁、大須賀・注(19)一九五頁、阿部照哉「環境権」

法学教室第二期一号（一九七三）二二六頁、竹中・注（96）一七二頁。なお、判例では、阪神高速道路仮処分申請事件一審判決（神戸地裁尼崎支部決定昭和四八・五・一一判例時報七〇二号一八頁）が、「環境利益が明らかに不当に侵害される危険が生じた場合」には、地域住民は、「環境利益不当侵害防止権」にもとづいて、右の危険防止のために差止請求権を取得すると判示し、実質上第一説に近い立場をとる。

(102) 下級審判決の多くは、人格的利益を侵害する環境破壊行為に対してのみ、人格権の名において差止請求を認める。たとえば、航空機の騒音等により身体的・精神的被害を被ったとして、人格権と環境権にもとづいて、夜間の空港使用の差止めを求めた大阪空港公害訴訟控訴審判決が、「個人の生命、身体、精神及び生活に関する利益は、各人の人格に本質的なものであって、その総体を人格権ということができ、……その侵害に対してはこれを排除する権能が認められなければならない」と判示して、人格権をもって、私法上の差止請求の根拠となりうるとする判断を示したほか、横田基地騒音公害訴訟控訴審判決（東京高判昭和六二・七・一五判例時報一二四五号三頁）も、差止請求の根拠としての環境権を否認しつつ、「人格権の一種として、平穏安全な生活を営む権利」にもとづく差止請求を認めた。このほか、人格権が環境破壊行為に対する差止請求の根拠となりうることを認めた判決として、名古屋新幹線訴訟一審判決（名古屋地判昭和五五・九・一一判例時報九七六号四〇頁）、同控訴審判決（名古屋高判昭和六〇・四・一二判例時報一一五〇号三〇頁）、厚木基地第二次訴訟一審判決（横浜地判平成四・一二・二一判例時報一四四八号四二頁）等がある。

もっとも、人格権に公害等の差止請求の根拠となりうることを認める以上のような立場に対しては、有力な批判もみられる。たとえば、沖縄石油備蓄基地訴訟一審判決（那覇地判昭和五四・三・二九判例時報九二八号三頁）は、人格権は「内包及び外延は一義的に明確でない」としつつ、原則として、「生命侵害や身体又は健康に対する著しい侵害をもたらす行為」に対してのみ差止めが認められるべきだとする判断を示し、また、大阪空港公害訴訟最高裁判決（最大判昭和五六・一二・一六民集三五巻一〇号一三六九頁）における少数意見の中で、団藤重光裁判官は、差止請求の根拠となる人格権について、どこまで「排他的な権利として構成することができるかは、きわめて困難な問題」だとし、環昌一裁判官も、差止請求の根拠としての人格権を容認する見解には、「法的安定の要請の見地から今直ちに賛同することはできない」とし、それぞれ批判的な見解を述べている（参照、五十嵐清・人格権論（一粒社・一九八九）一〇四－一〇五頁）。

(103) 芦部・憲法学Ⅱ三六四―六五頁。

(104) 佐藤(幸)・注(10)四一一頁。

(105) 樋口＝佐藤＝中村＝浦部・注(26)五九二頁[中村執筆]。

(106) 佐藤(功)・注(53)四四二―四三頁。同旨、浦部・注(45)三〇四頁、大須賀・注(19)一九一頁。また、市川正人(「環境訴訟の可能性」ジュリスト一〇三七号(一九九四)一八六頁)も、環境権論のかなりの部分は、実質的には、人格権を差止請求の根拠として認める多くの判決において取り込まれているとする。

(107) 伊藤・注(26)二三六頁、佐藤(功)・注(53)四四一頁、名古屋新幹線訴訟控訴審判決等。

(108) 大阪空港公害訴訟一審判決等。

(109) 大阪空港公害訴訟一審判決、横田基地騒音訴訟控訴審判決等。

(110) 原田尚彦・環境権と裁判(弘文堂・一九七七)一一頁。また、名古屋新幹線訴訟控訴審判決も、個人の被害を越えた地域的環境の保全は、「本来民主主義機構を通じ終局的には立法をもって決定されるべき問題」だとする。

(111) 日光太郎杉事件一審判決(宇都宮地判昭和四四・四・九行裁例集二〇巻四号三七三頁)は、本件土地の有する文化的価値を毀損する道路拡張事業の認定は「違法なものとして、取消されなければならない」と判示し、同控訴審判決(東京高判昭和四八・七・一三判例時報七一〇号二三頁)も、「かけがいのない景観、風致、文化的諸価値ないし環境の保全の要請」は「行政の上においても、最大限度に尊重さるべきもの」と述べつつ、建設大臣の判断は、本件土地付近の有する右諸価値ないし環境保全を「不当、安易に軽視」した点で「裁量判断の方法ないし過程に過誤」があり、違法と判示している。

(112) 淡路・注(92)六二頁。もっとも、琵琶湖総合開発計画工事差止請求事件一審判決(大津地判平成元・三・八判例タイムズ六九七号五六頁)は、環境アセスメントの欠如にもとづく差止請求を否定している。

(113) 芦部・憲法学Ⅱ三六二頁等。もっとも、異論がなかったわけではない。たとえば、加藤一郎(「『環境権』の概念をめぐって」来栖三郎＝加藤一郎編・民法学の現代的課題(岩波書店・一九七二)三二〇―二二頁)は、経済的に最低限度の生活の保障を目指す二五条から解釈論として環境権を導きだすことには無理があると主張し、田口精一(「生活環境をめぐる人権の競合と調整」法学研究四六巻三号（一九七三）六頁以下）は、「歴史的な由来によれば社会の弱者に対する生活援助の給付を実体」とする二五条に環境保全の請求権を結びつけることは解釈の限界をこえるのではないかという疑問を呈しつつ、「各人が良好な生活環境のもとで、健康な生活を営むことができるということ」は「人権享有についての不可欠の要件」だから、「憲法の人権保障の趣旨を貫けば、そのなかには当然に生活環境の保全も包含されることになる」と主張する。

(114) 芦部・憲法学Ⅱ 三六二頁、佐藤（幸）・注（10）五四五頁。

(115) 芦部・憲法学Ⅱ 三六四頁、伊藤・注（26）三七六頁、田口・注（113）六頁。

(116) 佐藤（幸）・注（10）五四五頁。

(117) 小林直樹「憲法と環境権」ジュリスト四九二号（一九七一）二二七頁。

(118) 阿部照哉「新しい人権としての環境権」Law School 二〇号（一九八〇）一一頁。

(119) 原田尚彦「公害訴訟と環境権」ジュリスト四九二号（一九七一）二三七頁。なお、環境悪化を理由に行政処分の執行停止の申請人適格を認めた例として国立歩道橋事件東京地裁決定（昭和四五・一〇・一四判例時報六〇七号一六頁）があるほか、環境悪化を理由に行政処分の取消を求める原告適格を認めた例として、用途地域指定処分事件一審判決（宇都宮地判昭和五〇・一〇・一四判例時報七九六号三一頁）がある。もっとも、他方で、環境権が行政処分の取消を求める訴えの利益の根拠となることを否定した例として、用途地域指定処分事件控訴審判決（東京高判昭和五三・四・一一判例時報八八六号一二頁）等がある。

(120) 芦部編・注（83）一九〇頁［阿部執筆］、原田・注（119）二三八頁。

（芦部信喜監修『注釈憲法』の原稿として一九九六年に脱稿）

XI　憲法六条【天皇の任命権】

憲法六条　①天皇は、国会の指名に基いて、内閣総理大臣を任命する。
②天皇は、内閣の指名に基いて、最高裁判所の長たる裁判官を任命する。

第一節　沿　革

一　成立史

本条が成立するまでの諸案は、次の通りである。

マ草案邦訳　第五条　皇帝ハ国会ノ指名スル者ヲ総理大臣ニ任命ス

第七一条　最高法院ハ首席判事及国会ノ定ムル員数ノ普通判事ヲ以テ構成ス右判事ハ凡ヘテ内閣ニ依リ任命セラレ不都合ノ所為無キ限リ満七〇歳ニ到ルマテ其ノ職ヲ免セラルルコト無カルヘシ但シ右任命ハ凡ヘテ任命後最初ノ総選挙ニ於テ、爾後ハ次ノ先位確認後一〇暦年経過直後行ハルル総選挙ニ於テ、審査セラルヘシ若シ選挙民カ判事ノ罷免ヲ多数決ヲ以テ議決シタルトキハ右判事ノ職ハ欠員ト為ルヘシ
右ノ如キ判事ハ凡ヘテ定期ニ適当ノ報酬ヲ受クヘシ報酬ハ任期中減額セラルルコト無カルヘシ

三・二案　第六条　天皇ハ国会ノ決議ヲ経テ内閣総理大臣ヲ任命ス。

要　綱　第六　天皇ハ国会ノ指名ニ基キ内閣総理大臣ヲ任命スルコト
第七五　最高裁判所ハ法律ノ定ムル員数ノ裁判官ヲ以テ之ヲ構成シ此等ノ裁判官ハ凡テ内閣ニ於テ之ヲ任命シ満七〇歳ニ達シタル時退官スルモノトスルコト
最高裁判所ノ裁判官ノ任命ハ其ノ任命後最初ニ行ハルル衆議院議員総選挙ノ際国民ノ審査ニ付シ爾後一〇年ヲ経過シタル後最初ニ行ハルル衆議院議員総選挙ノ際更ニ審査ニ付シ其ノ後ニ於テ亦同ジキコト
前項ノ場合ニ於テ投票者ノ多数ガ裁判官ノ罷免ヲ可トスルトキハ当該裁判官ハ罷免セラルべキモノトスルコト
審査ニ関スル事項ハ法律ヲ以テ之ヲ定ムルコト
此等ノ裁判官ハ凡テ定期ニ適当ノ報償ヲ受クルモノトス此ノ報償ハ在任中之ヲ減額スルコトヲ得ザルコト

内閣草案　第六条　天皇は、国会の指名に基いて、内閣総理大臣を任命する。
第七五条　最高裁判所は、法律の定める員数の裁判官でこれを構成し、その裁判官は、すべて内閣でこれを任命

し、法律の定める年齢に達した時に退官する。

最高裁判所の裁判官の任命は、その任命後初めて行はれる衆議院議員総選挙の際国民の審査に付し、その後一〇年を経過した後初めて行はれる衆議院議員総選挙の際更に審査に付し、その後も同様とする。

前項の場合において、投票者の多数が裁判官の罷免を可とするときは、その裁判官は、髄免される。

審査に関する事項は、法律でこれを定める。

最高裁判所の裁判官は、すべて定期に相当額の報酬を受ける。この報酬は、在任中、これを減額することができない。


改正案　第六条　天皇は、国会の指名に基いて、内閣総理大臣を任命する。

第七五条　最高裁判所は、法律の定める員数の裁判官でこれを構成し、その裁判官は、すべて内閣でこれを任命し、法律の定める年齢に達した時に退官する。

最高裁判所の裁判官の任命は、その任命後初めて行はれる衆議院議員総選挙の際国民の審査に付し、その後一〇年を経過した後初めて行はれる衆議院議員総選挙の際更に審査に付し、その後も同様とする。

前項の場合において、投票者の多数が裁判官の罷免を可とするときは、その裁判官は、罷免される。

審査に関する事項は、法律でこれを定める。

最高裁判所の裁判官は、すべて定期に相当額の報酬を受ける。この報酬は、在任中、これを減額することができない。

衆　案　第六条　天皇は、国会の指名に基いて、内閣総理大臣を任命する。

天皇は、内閣の指名に基いて、最高裁判所の長たる裁判官を任命する。

貴　案　第六条　天皇は、国会の指名に基いて、内閣総理大臣を任命する。
天皇は、内閣の指名に基いて、最高裁判所の長たる裁判官を任命する。

本条の成立史にみられる特徴は、以下の点にある。

第一に、本条が定める天皇の任命権は、マッカーサー草案（以下、マ草案）の段階では形式的権限とされていたが、その後の文言の修正に対応して、実質的権限と解されるにいたったことである。すなわち、連合国最高司令官総司令部（以下、総司令部（GHQ）という）の内部での検討では、多数の小政党の妥協によって政治が営まれると予想される日本にあっては、内閣総理大臣は権威をおびる天皇によって任命されるとするのがその選任を迅速に運びまた政局の安定をもたらす方途であるという理由から、天皇の任命権を実質的権限とすべきだとする意見が主張された。しかし、こうした意見は、国会が内閣総理大臣の選任を行うとすることは、たとえ非能率が伴うとしても、天皇に裁量権を与えて国会なしに国政を運用するための手段として利用される危険をもたらすよりもましである、という理由から退けられ、結局、マ草案では、天皇は「国会ノ指名スル者ヲ総理大臣ニ任命ス」と定められ、天皇の任命権は、国会の指名に拘束された形式的権限とされた。(1) しかし、その後、三・二案では、天皇は「国会ノ決議ヲ経テ」内閣総理大臣を任命するものと修正され、さらに、要綱（第六）では、天皇は「国会ノ指名ニ基キ」内閣総理大臣を任命するものと改められ、内閣草案（六条）、改正案（六条）、衆案、貴案では、天皇は「国会の指名に基いて」内閣総理大臣を任命すると規定されることとなった。

ところで、こうした文言の変更が、内容の変更——とくに、天皇の任命権を形式的なものから国会の指名に必ずしも拘束されない実質的なものに変更すること——を意図して行われたのかどうかは、必ずしも明らかではない。ただ、衆案・貴案を審議した帝国議会での政府の答弁では、後述するように、本条の任命権は国会の指名に必ずしも拘束されない実質的な権限と解されており、こうした点からすれば、先の文言の変更は内容の変更を意図したものであったとみることもできる。

第二に、内閣総理大臣と最高裁判所の長たる裁判官（以下では、最高裁判所長官という）についてのみその任命を天皇の行為としたのは、それが国政上最も重要な事柄の一つと考えられたことによる、ということである。すなわち、前述したように、任命権の内容の理解については違いがみられたものの、内閣総理大臣の任命を天皇の行為とすることについては、マ草案から貴案にいたるまで一貫していた。マ草案において何故そうなったのかという理由は明らかではない。しかし、衆案・貴案の審議において、政府は、内閣総理大臣について、任命の認証ではなく、任命そのものを天皇の行為としたのは、「内閣総理大臣の任命は一番中心でものの動く最初の部分」であるからと説明している。(2) 学説では、憲法が内閣総理大臣の任命を天皇の行為とした理由としては、国会からの独立性の確保や内閣総理大臣の地位を権威づけようとしたことが指摘されているが、(3) 解釈論としてはともかく、認識としては、日本側が同任命を天皇の行為としたのは、内閣総理大臣の任命ということを国政上最も重要な事柄の一つと考えたことによるとみるべきであろう。そして、同じことは、最高裁判所長官の任命についても基本的に妥当する。(4)

第三に、内閣総理大臣と最高裁判所長官の任命が他の国事行為から区別されて独立した一か条に規定されることになったのも、同様に事柄の重要性によるものであった、ということである。すなわち、総司令部での検討の段階では、内閣総理大臣の任命は、国会の召集等の他の天皇の行為とともに、一か条にまとめて定められていた。(5)しかし、マ草案の段階で、他の天皇の行為と区別されて、独立した一か条に規定され、その後、第二項に最高裁判所長官の任命が追加されたことを除いて、この形式は三・二案を除き、改正案まで維持された。ところで、マ草案の段階で、内閣総理大臣の任命が他の天皇の行為から区別されて何故に独立の一か条に定められることになったのか、という理由は明らかではない。ただ、帝国議会での審議ではこの点が問題となり、政府は、その理由として、六条の権能は七条の権能と「本質に於いて異ならない」ものの、①六条には「国会の指名に基いて」という特殊な条件があることと、②「一番実際上の中心となる機関を作」ることは「特に重点を置いて考えなければならない」こと、の二点を挙げている。(6)(7)したがって、こうした点からすると、内閣総理大臣の任命が独立した一か条に規定されたのも、基本的には事柄の重要性によるものであったとみることができよう。

二　明治憲法および外国憲法との比較

1　大日本帝国憲法(いわゆる明治憲法)においては、内閣総理大臣の任免は、他の国務大臣および一般官吏の任免と同様に、天皇の大権に属していた。もっとも、内閣総理大臣に任ずべきものは、実際には、元老または重臣会議や内大臣の推挙によって決定されていた。[8] 日本国憲法における最高裁判所の裁判官に対応する大審院の裁判官（大審院長を含む。ただし、大審院長の地位は、最高裁判所長官のように官ではなく、職である）の任免も、一般の裁判官の任免と同様に、天皇の大権事項とされ（明憲一〇条）、人選は、司法大臣の輔弼によって行われていた。

2　外国では、内閣総理大臣が君主あるいは大統領によって任命される例は少なくない。君主が内閣総理大臣を任命する例としては、一九五三年のデンマーク憲法（一四条）のほか、イギリスが有名である。大統領が任命する例としては、一九一九年のワイマール憲法（五三条）、一九四九年のドイツ連邦共和国基本法（六三条二項）、一九四八年のイタリア共和国憲法（九二条二項）、一九五八年のフランス第五共和制憲法（八条一項）、一九五〇年のインド憲法（七五条一項）がある。ところで、このように、君主あるいは大統領によって任命される場合、議院内閣制を採用しているところでは、内閣総理大臣の任命が議会、特に下院の意思を尊重して行われるのは当然のことであるが、同任命が議会（下院）の意思によって決せられる旨明文をもって定めた例は少ない。一九八七年の大韓民国憲法（八六条一項）が、国務総理は国会の同意を得て大統領が任命する旨定め、ドイツ連邦共和国基本法（六三条）が、大統領が提案した候補者が連邦議会議員の過半数の投票を得た場合は、大統領はその者を総理大臣に任命し、得られなかった場合には、連邦議会がその過半数で選挙した者を総理大臣に任命しなければならない旨定めている例がみられる程度である。ドイツ連邦共和国基本法がこうした規定をおいたのは、ワイマール憲法のもとで、大統領が議会の意思を必ずしも尊重しないで内閣総理大臣を任免し、そのことが議会制崩壊の一因となったという経験にかんがみてのことであるが、いずれにしても、日本国憲法が、議院内閣制を採用したうえで、重ねて「国会の指名に基いて」と定めたのは、比較憲法的には数少ない例であり、その趣旨は、明治憲法下の超然内閣制の経験にかんがみ、内閣総理大臣の任命が国会の意思に拘束されるべきことを強く求めたことによるものとみるべきであろう。

3 長官を含む最高裁判所の裁判官の任命を大統領の権限とする例も少なくない。そのうち、①議会の同意あるいは承認を要するとしている例としては、上院の同意を要するとしている一七八八年のアメリカ合衆国憲法（二条二節二項）および一九一七年のメキシコ憲法（九六条）、議会の承認を要するとしている一九八八年のブラジル憲法（一〇一条）のほか、連邦憲法裁判所の裁判官について、連邦議会と連邦参議院が半数ずつ選出し大統領が任命する旨定めるドイツ連邦共和国基本法（六〇条一項、九四条一項）がある。また、②実質上行政府が決定する制度を採用している例としては、連邦最高裁判所の裁判官の任命について、連邦大臣が裁判官選出委員会と共同して決定し、大統領が任命すると定めるドイツ連邦共和国基本法（六〇条一項、九五条二項）がある。

第二節 解釈

一 概説

1 本条は、天皇が、国会の指名にもとづいて、内閣総理大臣を任命すること、および内閣の指名にもとづいて、最高裁判所長官を任命することを定める。明治憲法が、すべての官吏の任免を天皇の大権事項としていたのに対して、日本国憲法は、本条により、行政府の長である内閣総理大臣と司法府の長である最高裁判所長官の任命のみを天皇の行為とした。その趣旨は、内閣総理大臣や最高裁判所長官の任命を、形式的にせよ、「第三者的地位にある天皇」にさせることによって、国会や内閣からの独立性を形の上だけでも強めようとした点にある。(9)

2 国会によって内閣総理大臣の指名がなされると(六七条)、衆議院議長から、内閣を経由して、その旨を天皇に奏上する(国会法六五条二項)。任命は、天皇の面前で任命式を行い、そこで本人に辞令を交付することによって行われるのが例である。なお、内閣総理大臣の任命式には、衆議院議長および参議院議長が列席し、任命式終了後、新内閣の総理大臣から、「念のため」に、両院議長にその旨通知されることになっている。

二　任命権の性質

本条が定める天皇の任命権は、国会の指名に拘束された形式的権限であろうか、それとも、国会の指名に必ずしも拘束されない実質的権限であろうか。

1　この点に関し、政府は、衆案・貴案の審議においては必ずしも形式的権限とは解していなかった。すなわち、政府は、六条の任命についても内閣の助言と承認を要するとし、また、天皇がその助言と承認を「御尊重になる」のが「立憲政治の本体」だとして、天皇は内閣の助言と承認に実質上拘束されるとする立場にたちつつ、国会の指名と内閣の助言・承認の関係については、国会の指名が「正しきや否や」については助言の内容とすることはできないが、「議会のその働きが完全に適法に行われて居ったか」どうかについては、内閣は「責任を以て申上げ」なければならない、と説明していた。(10) つまり、天皇は、内閣の助言と承認には拘束されるが、内閣の助言と承認は上述のような意味で国会の指名に必ずしも完全に拘束されるわけではないとされており、そのかぎりで、天皇の内閣総理大臣任命権は、国会の指名に完全に拘束された形式的権限とされていたわけでは必ずしもなかったといえる。(11)

2　これに対して、学説は、一致して、本条が定める天皇の任命権は国会の指名に拘束された形式的権限と解する。もっとも、結論を同じくしつつも、考え方を異にする二つの立場がみられる。ひとつは、憲法六条が定める天皇の権限を当初から形式的権限と解し、したがって、天皇および助言と承認をする内閣は国会の指名に拘束される、と解する立場である。(12)

もうひとつは、六条の規定の仕方から、内閣総理大臣を具体的に確定することは国会の権能だと解し、したがって、同条にいう任命権を形式的権限と解する立場である。(13)

なお、最高裁判所長官の任命を形式的権限と解することについては、異論は見られない。

三　内閣の助言と承認

本条が定める天皇の任命にも内閣の助言と承認を要するであろうか、もし要するとした場合、そこでの助言と承認はいかなる内容のものであろうか。

この点に関連して、まず、六条が定める任命は、三条・四条にいう国事行為に含まれるかどうかが問題となりうるが、この点について、憲法制定時の政府および学説は一致して積極に解している。(14)

1　内閣総理大臣の任命

天皇による内閣総理大臣の任命にも内閣の助言と承認を要するか否か、もし要するとした場合、そこでの助言と承認はいかなる内容のものかという点について、以下の諸説がみられる。

(1) 積極説

すべての国事行為に内閣の助言と承認を要すると解し、したがって、本条の天皇の任命行為にも助言と承認を要するとする立場である。支配的学説がこの立場にたつ。この立場のもとでも、助言と承認の内容を基準として、以下の諸説がみられる。

(ア) 第一説は、六条が定める任命権は形式的・名目的権限であり、そうした形式的・名目的権限についても内閣の助言と承認を要するとする立場にたちつつ、そこで要求される内閣の助言と承認を実質的決定の余地をもたない形式的性質のものと解する説である。[15] 論拠としては、①三条の文言、[16] ②憲法が定める内閣助言制の狙いは天皇制の名目化の徹底にあること、[17] ③三条の狙いは内閣以外のものによる助言と承認を排する点にもあること、[18] が指摘されている。

(イ) 第二説は、第一説と同様に、六条が定める任命権は形式的・名目的権限であり、そうした形式的・名目的権限についても内閣の助言と承認を要するとする立場にたちつつ、六条については、任命の時期等について内閣の助言と承認によって決定されるべき事項がなお残されており、そうした意味でも天皇の任命には内閣の助言と承認を要する、と説く説である。[19] この説は、内閣の助言と承認を実質的決定の余地を含むものとして理解している点で第一説と異なる。

(ウ) 第三説は、六条が定める天皇の任命権（とくに、内閣総理大臣の任命権）を実質的権限と解し、したがって、国会の指名に必ずしも拘束されない実質的決定の余地をもった内閣の助言と承認を要すると主張する説である。

前述した政府解釈がこの立場にたつ（第二節二1）。

(2) 消極説

天皇の行為の内容について内閣に決定する余地がある場合にのみ内閣の助言と承認を要するとする立場にたって、六条の任命については、誰を内閣総理大臣に任命すべきかは国会の指名によって確定していること、また、任命の時期についても国会あるいは衆議院議長が決すべき事柄であることから、内閣の助言と承認は不要とする立場である。[20] この立場は、内閣助言制の趣旨ないし狙いを天皇の行為の内容を内閣の意思によって決することにみる点に特徴をもつ。

天皇の行為の内容が他の国家機関により実質的に決定されたとしても、関連して決定すべき事柄が残される場合がありうること、明治憲法下の経験から、日本国憲法が定める内閣助言制は内閣以外のものによる助言と承認を排する趣旨をもつこと、天皇の形式的行為についても違法・不当の生じる余地が全くないとはいいきれないことから、積極説をもって妥当とすべきであろう。

2 最高裁判所長官の任命

最高裁判所長官の任命に関する内閣の助言と承認については、理論上は必要と解する説と理論上も不要と解する説に分かれている。

(1) 積極説

天皇の行為の内容についての決定権を内閣がもっている場合、そうした内容についての決定と助言・承認は性質を異にする別個の行為だとし、したがって、内容についての決定とは別に、天皇の行為に対する内閣の助言と承認は必要だとする立場に基本的にたちつつも、実際上の便宜を考慮して、実際には一回の決定で足りる、と解する説である。[21] 多数説がこの立場にたつ。

(2) 消極説

天皇の行為の内容についての決定権を内閣がもっている場合、内閣が天皇の行為の内容について決定したときは、その中に助言と承認も当然に含まれているから、それとは別に助言と承認をする必要はないとする立場にたち、本条の最高裁判所長官についての内閣の指名には、当然に天皇の任命に対する助言と承認も含まれており、そうした意味で、別途、助言と承認を要しないとする説である。[22]

四 任命権と罷免権

本条の任命は罷免を含むか。明治憲法がすべての文武官の任免を天皇の大権としていたこと、日本国憲法が国務大臣等の任免の認証を天皇の行為としていることからもこの点は問題となりうる。

1 憲法制定に際し、政府は、本条にいう「任命」について、「免ぜられる場合も亦任命の権能の一面として存する」と述べるとともに、「免」を特に規定しなかったのは、憲法の建前では、天皇が内閣総理大臣を一方的に免ずることができないことによるもので、内閣総理大臣が自発的にあるいは議会の不信任決議等で辞職する

場合には天皇の行為を要すると積極に解していた。(23)

しかし、学説は、一般に規定の文言を重視して、新たに内閣総理大臣が任命されれば、前の内閣総理大臣は当然にその地位を失い、改めて天皇の行為を要しないと消極に解する。(24)

2 最高裁判所長官についても、学説は一般に消極に解する。すなわち、最高裁判所長官が憲法上その地位を失うのは、執務不能の裁判および公の弾劾（七八条）、国民審査（七九条二項～四項）、定年（七九条五項）の場合であるが、これらの場合は、当然にその地位を失い、また、自ら辞職する場合も特に天皇の行為を要しない、と解する。(25)

五 内閣の責任

三条は、天皇の国事に関するすべての行為には内閣の助言と承認を必要とし、「内閣が、その責任を負ふ」と定めているが、①本条の任命についても内閣は責任を負うか、また、②負うとした場合、責任の及ぶ範囲はどこまでかが問題となりうる。学説は、①について、積極説と消極説に分かれている。

1 積極説

天皇の任命は内閣の助言と承認にしたがってなされるべきものである以上、任命行為に違法・不当なものがあるときは、助言と承認をした内閣が責任を負うとする説である。[26] これが多数説である。ところで、この説のもとで、内閣が負うべき責任の範囲については必ずしも明らかではない。ただ、多数説が主張するように、内閣の助言と承認を形式的行為である任命行為についてのものと解し、かつ、本条の内閣の責任を自己の行為についての責任と解する立場にたつ場合には[27]、内閣が本条で負う責任は、実質的決定権者の決定を正しく助言し、それから逸脱しないで天皇が行為することを確保することに原則として限定され、実質的決定自体については当該決定権者が負う、ということになろう。[28]

2 消極説

憲法三条にいう「責任」は内閣が助言と承認によって実質的に決定した事柄についてのみ生ずるとする立場にたって、本条の任命については内閣の責任は生じないとする説である。たとえば、宮沢は、天皇の行為の内容が他の国家機関によって実質的に決定され、「実質的に内閣の行為だといえないもの」については、内閣の助言と承認を要せず、三条にいう「内閣の責任」もその限度で排除されると説きつつ、本条にいう内閣総理大臣の任命はこうした場合にあたり、同任命については、指名した国会、ことに衆議院が責任を負うべきだと主張する。[29]

上記のことからすれば、国会の指名に違法があり、それにもとづいて行われた任命については、積極説、消極説のいずれのもとでも国会に責任があるということになろう。しかし、かりに内閣総理大臣の任命が国会の指名に反して行われる等天皇の任命行為に遵法・不当なものがあるときには、積極説のもとでは結局のところ助言をした内閣に責任があるということになるのに対して、消極説のもとでは国会に責任があるということになり、そのかぎりで両説には違いがあるということになる。

(1) 高柳賢三＝大友一郎＝田中英夫編著・日本国憲法制定の過程Ⅰ〔有斐閣・一九七二〕一一六－一一七頁。

(2) 清水伸編著・逐条日本国憲法審議録 第一巻〔増補版〕〔日本世論調査研究所・一九七六〕六九一頁。

(3) 宮沢は、同理由として、①内閣が「ある程度においては、国会から独立な存在でもあるという趣旨をあらわすため」という点と、②「内閣総理大臣の地位に必要な威信をいくぶんかでも高めることに役立っとも考えられたのかもしれない」こと、の二点を指摘しているが〔宮沢俊義〔芦部信喜補訂〕・全訂日本国憲法〔日本評論社・一九七八〕九九頁〕、憲法制定時の日本政府の意図の説明としては、むしろ、行政権と司法権の首長という「憲法上とくに重要な地位をもつといえるものの任命は、他の国家機関ではなくて、それぞれの権能から超然としている象徴である天皇が行うのが適当であり、しかもそれが天皇の権威にふさわしいと考えられたから」とする説明〔伊藤正己・憲法〔新版〕〔弘文堂・一九九〇〕一四五頁〕の方が、正鵠を射ているように思われる。もっとも、解釈論としては、同理由は、宮沢が説くように、「第三者的地位」にある天皇に形式的にせよ任命行為をさせることによって、形の上だけでも独立性を強めようとした点に求められるべきであろう。この点については、なお後述する。

(4) 最高裁判所長官については、三・二案を除いてマ草案から改正案にいたるまで、司法の章の中で、他の最高裁判所の裁判官と区別されることなく、内閣によって任命されるものとされていた。しかし、その後、衆議院での審議で、現行六条のように修正されたが、その理由として、政府は、「司法権が立法、行政と同等の重要性を持ち、随ってその長たるものが内閣総理大臣と略〻同様の地位を占めることを明かにせんとした」ことを挙げている〔清水編著・注(2)六九二頁〕。

(5) 高柳＝大友＝田中編著・注(1)一二四頁。

(6) 清水編著・注(2)六八二頁。註解も、内閣総理大臣と最高裁判所長官は「行政権・司法権の最高の地位にあるものであり、その任命行為は従って憲法上の重要な機関の具体的な充足として特別な意義を有する」点にその理由を求めている〔法学協会編・註解

日本国憲法（上）（有斐閣・一九五三）一四九頁）。

（7）もっとも、政府は、内閣総理大臣については天皇による任命とし、他の国務大臣については天皇による認証とした理由について、国務大臣の任命も「非常に重大」ではあるが、「出来るだけ天皇の実質的な御意思が働くと云う形にならないようにした」と述べている（清水編著・注（2）六九一頁）。したがって、こうした点からすると、内閣総理大臣の任命については、天皇の実質的意思が働きうる余地をもったものと考えられた結果、認証行為等と区別して独立の一か条に規定されることになったとみる余地もありうる。

（8）美濃部達吉・憲法撮要〔改訂第五版〕（有斐閣・一九三二）二九五－九六頁。法学協会編・注（6）一五〇頁。

（9）憲法が内閣総理大臣の任命を天皇の行為とした趣旨ないし理由を、天皇に象徴として機能するための「場」を提供することに求める見解（野中俊彦＝中村睦男＝高橋和之＝高見勝利・憲法Ｉ（有斐閣・一九九二）一二一頁〔高橋執筆〕も傾聴に値するが、内閣総理大臣が「ある程度は、それ〔国会―引用者注〕から独立な地位をも持っている点に着目して、形の上だけでも、第三者的地位にある天皇に任命させようと」したとする見解（宮沢〔芦部補訂〕・注（3）一〇一頁）にみられるように、その理由は、内閣総理大臣の国会からの独立性を強めようとした点に求められるべきであろう。

（10）清水編著・注（2）六八一－八五頁、六八七頁。

（11）最高裁判所長官の任命権も実質的権限とされていたかどうかについては明らかではない。ただ、最高裁判所長官の任命については、指名権をもつ内閣が同時に助言と承認をし、かつ、天皇は内閣の助言と承認に拘束される以上、天皇の最高裁判所長官任命権は、実質上内閣の指名に拘束された形式的権限となるほかないであろう。

（12）法学協会編・注（6）九六頁、一一〇頁、一五三－五四頁。同旨、佐藤功・ポケット註釈憲法（上）〔新版〕（有斐閣・一九八三）六九－七〇頁、伊藤・注（3）一三九頁、一四九－五〇頁。樋口陽一＝佐藤幸治＝中村睦男＝浦部法穂・注釈日本国憲法（上）（青林書院・一九八四）八九頁、九七頁、一〇五頁〔樋口執筆〕。

（13）この立場のもとでも、①本条の天皇の任命には内閣の助言と承認は不要とし、かつ、天皇の任命行為は直接国会の指名に拘束されるが故に形式的なものと解する説（宮沢〔芦部補訂〕・注（3）九六頁）と、②本条の天皇の任命にも内閣の助言と承認は必要とし、内閣の助言と承認は国会の指名に拘束され、かつ天皇の任命はそうした内閣の助言と承認に拘束されるが故に形式的権限となるとする説（清宮四郎・憲法Ⅰ〔第三版〕（有斐閣・一九七九）一六七－七〇頁。同旨、野中＝中村＝高橋＝高見・注（9）一一五－一二〇頁〔高橋執筆〕の別がみられる。

（14）清水編著・注（2）六八三頁、六八六頁。宮沢（芦部補訂）・注（3）九七頁、法学協会編・注（6）一四九頁、芦部信喜・憲法（岩波書店・一九九三）四八－四九頁、伊藤・注（3）一三九頁、清宮・注（13）一六七頁、佐藤（功）・注（12）五九頁、佐藤幸治・憲法〔新版〕（青林書院・一九九〇）二五三－五四頁。

（15）佐藤（幸）・注（14）二五一－五四頁、伊藤・注（3）一四五頁、一四九－五〇頁、芦部信喜＝池田政章＝杉原泰雄編・演習憲法（青林書院・一九七三）七八頁〔杉原執筆〕、樋口＝佐藤＝中村＝浦部・注（12）八五頁以下〔樋口執筆〕、清宮・注（13）一六九－七〇頁、佐藤（功）・注（12）五二頁以下、野中＝中村＝高橋＝高見・注（9）一一七－一八頁〔高橋執筆〕、小嶋和司・憲法論集（二）（木鐸社・一九八八）九八頁。

（16）佐藤（幸）・注（14）二五一頁。

（17）芦部＝池田＝杉原編・注（15）七八頁〔杉原執筆〕、樋口＝佐藤＝中村＝浦部・注（12）八九頁〔樋口執筆〕。

（18）佐藤（幸）・注（14）二五一頁。

（19）法学協会編・注（6）九八－九九頁、一五四－五七頁。

（20）宮沢（芦部補訂）・注（3）六二－六三頁。同旨、結城光太郎「天皇の国事行為とその性質」清宮四郎＝佐藤功編・憲法講座　第一巻（有斐閣・一九六三）二〇三頁以下。

（21）法学協会編・注（6）九八頁、清宮・注（13）一七一頁、佐藤（幸）・注（14）二五一頁、二五四頁。樋口＝佐藤＝中村＝浦部・注（12）九〇頁、一〇七頁〔樋口執筆〕。

（22）宮沢（芦部補訂）・注（3）一〇〇－一〇一頁。同旨、結城・注（20）二〇六頁。

（23）清水編著・注（2）六八八－八九頁。

（24）法学協会編・注（6）一五四頁、小林直樹・憲法講義（下）〔新版〕（東京大学出版会・一九八一）五〇頁、佐藤（功）・注（12）七二頁。

(25) 法学協会編・注(6)一五五頁、佐藤(功)・注(12)七四頁。
(26) 法学協会編・注(6)九八－九九頁、一〇二頁、佐藤(功)・注(12)五七頁、伊藤・注(3)一五二頁、清宮・注(13)一七二頁、佐藤(幸)・注(14)二五二頁。
(27) 法学協会編・注(6)一〇二頁、伊藤・注(3)一五二頁。
(28) 参照、小嶋・注(15)一〇三頁。
(29) 宮沢(芦部補訂)・注(3)七七－七八頁、野中＝中村＝高橋＝高見・注(9)一一七－一八頁〔高橋執筆〕も、三条にいう責任は内閣が「自己の行った政治的裁量について責任を負う」のであり、「憲法および法律に拘束された部分について責任を負わない」と述べ、本条の任命には内閣の「裁量の余地は全くない」とみるから、実質上、本条の任命については内閣は責任を負わないとする立場にたっているとみることができる。

〈参考文献〉

小嶋和司「天皇の権能について」法律時報二四巻一〇号(一九五二)(小嶋・憲法と政治機構(木鐸社・一九八八)に収録)
同「再び天皇の権能について」公法研究一〇号(一九五四)(小嶋・憲法と政治機構に収録)
結城光太郎「天皇の国事行為とその性質」清宮四郎＝佐藤功編・憲法講座 第一巻(有斐閣・一九六三)
横田耕一「統治構造理論における『連続性』と『断絶性』――憲法第一章を中心に」公法研究四〇号(一九七八)

(芦部信喜監修『注釈憲法 第一巻』有斐閣・二〇〇〇年)

XII　三つの封印

一　はじめに

私は、現在、千葉大学法科大学院の研究科長という仕事をしており、この三年間は、良き法曹を養成し、そうした人々を司法試験に合格させるためにはどうすればよいのかといった非常に世俗的な仕事に専念していますが、本日は、「戦後六〇年——第二次大戦に何を学び、どう生きてきたのか」という大変重いテーマについて、憲法学の観点から話すことになりました。私は、現在六二歳で、ほぼ日本国憲法とともに生きてきたわけですが、本日は、日本国憲法について、過去六〇年を振り返りながら、私見を交えつつ、若干の問題提起をしたいと思います。

ところで、今日の時点で、日本国憲法を回顧する場合、様々な観点から行うことができますが、ここでは、日本国憲法が禁止しようとしたことを中心にみることにいたします。そして、憲法が禁止しようとしたものの内、戦前の経験に照らしてとくに重要と思われるものとしては、三つあるように思われます。ひとつは、戦争を行うこと及び戦力を保持することを禁止したことであり、二つ目は、国及び地方公共団体が神道とかかわり合いをもつことを禁止したこと、第三は、天皇を神格化すること及び天皇が国政に関与することを禁止したことです。そして、これまでは、こうした憲法による禁止については、禁止を正当なものと前提したうえで、禁止に反する事実を批判すればよかったのですが、今日の状況は、そもそもそうした禁止が妥当であったのかどうかが問われている点に特徴があるように思われます。換言すれば、戦後六〇年たった今日、そうした禁止の是非を検証し、今後どのような道を歩むべきかを改めて選択する時を迎えているように思われます。以下、順を追って説明いたします。

二　第一の封印

今回の公開講座のテーマについて、憲法学の観点から話をする場合、避けることができないテーマは、日本国憲法の平和主義の問題だろうと思います。といいますのも、日本国憲法の最も重要な特色は、わが国が二度と戦争をしないためのプログラムという性格を憲法がもっていること、より正確にいえば、日本政府に二度と戦争、とくに侵略戦争をさせないためのプログラムという性格をもっている点にあるからです。こうした日本国憲法の特色は、憲法前文で、「日本国民は……政府の行為によつて再び戦争の惨禍が起ることのないやうにすることを決意し、ここに主権が国民に存することを宣言し、この憲法を確定する」と述べられていることに示されています。つまり、日本国民が敗戦後の新しい出発にあたって、何よりも「政府の行為によつて再び戦争の惨禍が起ることのないやうにすることを決意」し、そのために国民主権主義を定め、新しく憲法を制定したのだということです。日本国憲法について論ずる場合の出発点はここにあります。そして、こうしたプログラムの核心を形成していたのが、いうまでもなく第九条でした。

憲法制定当時、第九条が一切の戦力の不保持と一切の戦争の放棄ということを内容としていたことは、憲法制定時の政府の説明や当時の支配的学説の解釈に明瞭に示されていますが、このように、自衛のためであれ、一切の戦力、すなわち軍事力の保持までも禁止した憲法の例はこれまで見られず、そうした意味で、日本国憲法の平和主義は類例をみない世界史上画期的なものだと称され、こうした意味で日本国憲法は平和憲法と称されることになりました。ところで、日本国憲法がこうした平和主義を定めたことについては、いくつかの点が問題となります。ひとつは、どのような要因あるいは理由からこうした平和主義が採用されることになったのかということです。この点については、周知のように、様々な要因なり理由が指摘されていますが、最も重要な要因ないし理由は、侵略戦争に対する反省ということであったと思います。この点は、憲法制定にあたっての議会での論議には明示的にはほとんどみられませんが、先に紹介した憲法前文の規定に間接的ながら示されていたほか、政府の答弁の基礎に存在していたことは否定できず、また、学説が第九条の解釈を行う際の当然の前提となっていました。つまり、憲法九条は、侵略戦争に対する反省にもとづいて国際社会に向かって表明された日本国および日本国民の道義であり誓約という性格をもっていたように思います。

もうひとつの問題は、こうした非武装主義を採用した場合、違法な侵略があったときどのようにして国民の安全や国家の存立を保障するのかという問題です。この点も憲法制定にさいして問題となりましたが、これに対する政府の答弁には、二つの異なった立場が見られました。ひとつは、吉田茂首相の答弁にみられますが、現在は占領軍がいるし、また、国連もある、というものです。そして、もうひとつは、金森徳次郎国務大臣の答弁にみられますが、侵略があったら、対抗する軍備がない以上、それを甘受するほかないというものでした。非武装規定と解釈した当時の学説にもこうした二つの考え方が混在していたように思われます。このことは、たとえば、「きわめて徹底した戦争の放棄・軍備の撤廃」の背後には、「目前には国際連合による安全保障、遠い将来には世界連邦の構想があったであろう」と述べつつ、ここでは、「全面的な戦争放棄・軍備撤廃の挙にでた理由と、その結果生ずる事態についての悲壮な決意が述べられて」いるとする清宮四郎先生の言葉[1]にみることができます。いずれにしても、全面的な戦争放棄と軍備撤廃を採用することによってはじめて、わが国は、「平和愛好国の先頭にたって国際社会において名誉ある地位を占め」ることが可能となり、そのことにより、侵略戦争と敗戦に打ちひしがれていた当時の国民に理想と誇りと道義を与えたように思います。

しかし、その後の厳しい冷戦のもとで再軍備が進行し、そうした再軍備は、第九条の解釈によって憲法上正当化されてきたことはご承知のとおりです。すなわち、政府は、わが国は主権国家として国家固有の自衛権をもっており、したがって、自衛のため必要最小限度の実力は保持を禁止された戦力にあたらず、自衛隊はそうした実力であるから憲法に反しないと説明しました。そして、こうした九条の解釈は、一九八〇年代以後、学説上でも徐々に容認されるようになってきているようです。しかし、他方で、こうした状況の中で、最高裁判所が今なおこうした九条の解釈を明示的には採用していないということは注目されます。

こうした状況を背景にして、二〇〇五年八月に発表された自民党の「憲法改正草案第一次試案」は、憲法九条二項を削除して、第九条の二で自衛軍の保持を明記しています。また、そこでは、自衛権は集団的自衛権をも含むものとされており、このことは、それまでの議論の経緯からすると、今回の構想の核心が集団的自衛権の行使をも可能にしようとしている点にあるように思われます。たしかに、解釈によって規定を無意味ならしめるまでに内容を変えるよりも、憲法が定める正規の手続にもとづいて変更しようとすることは、立憲主義の観点からすれば妥当なものといえます。しかし、問題は、第九条については、改正するのが妥当かどうかにあります。

結論的にいえば、私は第九条は非武装規定として堅持されるべきであると考えています。その理由は、ひとつには、将来の目指すべき安全保障の在り方として、国連の集団安全保障体制を発展させ、各国の軍隊を特別協定にもとづいて国連軍に改編することにより原則として国家の軍隊を廃止し、紛争が発生するおそれのある地域に国連軍を常駐させ、そのようにして国家と国際社会の安全保障をはかるという構想がありますが、私もこの構想を支持しており、わが国はこの構想の実現を目指すべきだと考えていることにあります。そして、もうひとつには、今日の不安定な国際情勢をみるとき、私は、わが国が一切の戦争放棄と戦力不保持の理想の旗を改めて掲げ、そうした形で「国際社会において名誉ある地位を占める」ことを目指すことが何よりも大切なことのように思われるからです。もとより、現実の国際情勢をみるとき、非武装で国民の安全と国家の存立を確保することは困難であり、憲法は一定の軍事力の保持を容認していると解されます。しかし、だからといって、第九条を改正したり同条の意味を解釈によって変更したりすることにより理想の旗を降ろすべきではなく、第九条は、今日の国際社会で直ちに実現することはできないが、将来において実現されるべき理想あるいは目標を示した規定として、つまり、わが国政府と国民がその実現に向かって努力すべき目標と責務を定めた規定として堅持すべきであると考えます。こうした意味で、私は、第九条の改正はもとより、今日有力となっている第九条の解釈によって現実に対応する立場にも反対いたします。

三　第二の封印

終戦後、連合国軍総司令部（ＧＨＱ）は、占領後直ちに、神道の教義から軍国主義的・超国家主義的要素を除去することおよび学校教育から神道を排除することを命じました。世にいう神道指令です。そして、こうした背景のもとに、日本国憲法は、信教の自由を基本的人権として保障するとともに、厳格な政教分離原則を定めました。すなわち、憲法二〇条三項で、「国及びその機関は、宗教教育その他いかなる宗教的活動もしてはならない」と定め、また、八九条で、「公金その他の公の財産は、宗教上の組織若しくは団体の使用、便益若しくは維持のため……これを支出し、又はその利用に供してはならない」と定め、実質上、国及び地方公共団体と神道との結びつきを断とうとしました。こうした厳格な政教分離原則が定められたのは、直接的には、ＧＨＱが神道に戦前の日本の軍国主義の精神的支柱をみたことによるものと思われます。しかし、ＧＨＱが意図したかどうかは別として、客観的にみると、憲法が採用した政教分離原則は、日本の憲法の歴史において、もっと深い意味をもっていたのではないかと思われます。

一八八九年に制定された明治憲法（大日本帝国憲法）は、「二つの神」を内在させていた点に最も大きな特色をもっていました。すなわち、明治憲法制定の起点は、一八七六（明治九）年に明治天皇が元老院議長有栖川宮熾仁親王に下した憲法草案起草の勅語にありますが、その勅語は、「朕爰ニ我建国ノ体ニ基キ広ク海外各国ノ成法ヲ斟酌シ以テ国憲ヲ定メントス」というものでした。つまり、わが国の伝統的な国体を基本としつつ、西欧諸国の憲法を斟酌して憲法を制定するようにというもので、こうして制定された明治憲法は、わが国の伝統にもとづく「万世一系ノ天皇之ヲ統治ス」（明治憲法第一条）という国体の原理と、西欧立憲主義に由来する議会制や国民（臣民）の権利保障という二つの要素を内在させることになりました。問題は、国体の原理が建国神話によって基礎づけられていたことから、天皇を神の子孫、つまりは神（現御神）とすることを内容としていたのに対して、西欧立憲主義は、「すべての人は平等に造られ、造物主によって一定の奪いがたい天賦の権利を付与された」というアメリカ独立宣言の規定に象徴的に示されているように、キリスト教と深く結びついていたことです。つまり、明治憲法は、「日本の神」と「西欧の神」という「二つの神」を内在させていたことになります。そして、明治憲法の歴史は、非常に大雑把に申しますと、大正デモクラシーの時期に、ドイツ憲法学説をモデルとして明治憲法を解釈した美濃部達吉の学説が主流になり、そうした意味では「西欧の神」が優位にたちましたが、一九三五（昭和一〇）年の天皇機関説事件を契機として美濃部学説が国体に反するとして排撃されてから、国体の原理を過度に重視して明治憲法を解釈する学説が有力となり、「日本の神」が支配するようになりました。敗戦後のＧＨＱの神道指令と憲法の政教分離原則は、こうした流れからみると、「日本の神」の支配に封印をし、憲法が国民主権主義と基本的人権尊重主義を基本原理としたことは、「西欧の神」の優位を宣言したものとみることもできます。

しかしながら、憲法制定後、この六〇年の間に、神道と国および地方公共団体との間の結びつきが、判例と学説によりある程度抑止されつつも、全体としては強まってきていて、「日本の神」が復活しつつあるようです。そして、重要なことは、今日、国民のレベルでも、憲法が定める政教分離原則そのものの正当性が問われるようになってきているように思われることです。換言すれば、政教分離という憲法の封印、端的にいえば「日本の神」に対する封印が解かれようとしていることです。以下では、すでにご承知のこととは思いますが、こうした動向を示す例を簡単に紹介しておきます。

例のひとつは、内閣総理大臣による靖国神社への公式参拝問題です。内閣総理大臣が靖国神社に参拝することは一九六〇年代後半あたりから行われていたようですが、八月一五日に参拝することは、一九七五年に三木武夫首相が最初で、以後一九八五年の中曽根康弘首相まで続けられました。しかし、A級戦犯が合祀されたことと関連して、近隣諸国から強い批判が生じ、一九八六年以後内閣総理大臣の参拝が中止されてきました（もっとも、他の閣僚や国会議員による八月一五日の参拝は続けられています）。その後、二〇〇一年に、小泉純一郎首相が、八月一五日以外の日（八月一四日等）に参拝を再開し、今日にいたっています。こうした参拝については、それが憲法二〇条三項の「宗教的活動」にあたり、政教分離原則に反しないか、関連して、参拝は公的参拝か私的参拝か、その判別基準は何かが論議されてきました。ちなみに、内閣総理大臣も信教の自由を有しており、したがって、私的に神社を参拝したり、教会のミサに参列することは自由で、問題は公的に、つまり国の機関としての職務活動として参拝することが許されるかにあります。政府は、一九八五年ごろまでは、憲法二〇条三項の「宗教的活動」を厳格に解釈して、内閣総理大臣の公式参拝は「宗教的活動」にあたり、「違憲ではないかとの疑いを否定できない」とする立場をとっていました。もっとも、公式参捧の内容は、微妙に変化し、当初は厳格に解して、①公用車を用いず、②記帳にさいしては肩書きをつけず、③公職にある者を随行させず、④玉串料を公金から支出しないという四要件を充たす場合にのみ「私的参拝」として許されるとされていました。実際、一九七五年に三木首相が参拝したさいには、途中で首相専用車を自民党の総裁車に乗り換え、お供を連れず、三木武夫とのみ記帳し、玉串料をポケット・マネーから支出しました。しかし、その後、首相専用車で行き、内閣総理大臣○○と記帳し、あるいは閣僚を随行する例が続いたこともあって、改めて統一見解が示され、公式参拝とは閣議決定にもとづいて行われ、かつ、玉串料が公金から支出される場合とされ、こうした公式参拝は憲法に反するとされました。ところが、その後、一九八五年に、中曽根首相は、従来の政府見解を変更し、公式参拝もやり方によっては憲法に反しないとして、戦後はじめて公式参拝に踏み切りました。もっとも、この時の参拝は、お祓い、玉串奉呈、柏手を打つなどの儀式を行うことなく、たんに昇殿し、本殿で一礼するにとどめ、内閣総理大臣中曽根康弘という名前の入った生花一本を本殿に供え、代金三万円を公金から支出したというもので、政府は、この参拝が憲法に反しないのは、あくまでも平和を祈願して花をささげたものであり、慰霊のために玉串料として支出したのではないから「宗教的活動」にあたらないと説明しましたが、政府の基準からすると、実質上公式参拝とはいえないものでした。

このように、歴代政府は内閣総理大臣の靖国神社への公式参拝を憲法上許されるものにしようと努めてきましたが、公式参拝について、最高裁判所の判断はまだ示されていませんが、いくつかの高等裁判所の判決(一九九一年一月一〇日の仙台高裁判決、一九九二年二月二八日の福岡高裁判決)は、「公式参拝」は「違憲」あるいは「違憲の疑いがある」と判示しています。また、靖国神社の例大祭にさいして、愛媛県が、県出身の戦没者が祀られていることから、一九八一年ごろより、玉串料として七千円程度を公費から支出してきたことが政教分離原則に反しないかが争われた訴訟で、最高裁判所は、一九九七年四月二日に、そうした公金支出は憲法二〇条三項の「宗教的活動」にあたり違憲とする判断を示しました。

政教分離原則をめぐるこうした判例の動向は、靖国神社への公式参拝や殉職自衛官の護国神社への合祀にさいしての公金支出を現行憲法上認めることは困難であることを示しています。こうしたことから、本年(二〇〇五年)八月一日の自民党新憲法起草委員会の「憲法改正草案第一次素案」では、憲法二〇条三項は「国及び公共団体は、社会的儀礼の範囲内にある場合を除き、宗教教育その他の宗教的活動をしてはならない」と定められ、また、八九条は「公金その他の公の財産は、社会的儀礼の範囲内にある場合を除き、宗教上の組織若しくは団体の使用、便益若しくは維持のために支出し、又はその利用に供してはならない」と定められ、いずれも「社会的儀礼の範囲内にある場合」には、政教分離原則に反しないとされています。したがって、問題は、どのような場合が「社会的儀礼の範囲内にある場合」となるのかにありますが、本年七月七日の「新憲法起草委員会・要綱第一次素案」では、そのような場合として、「公金による玉串料支出、公務員等の殉職に伴う葬儀等への公金支出」が挙げられており、したがって、靖国神社参拝や殉職自衛官の合祀にさいしての公金支出は許されることになります。問題は、何故こうした例外を認めようと主張されているのかにあります。おそらく、こうした公式参拝等を認めようとする人々の主張の基礎には、戦後の平和が戦没者の尊い犠牲のうえに築かれているのだとすれば、内閣総理大臣が全国民を代表して、二五〇万の霊が祀られている靖国神社に参拝し慰霊を祈願するのは道義上むしろ当然のことではないのか、もしこうした内閣総理大臣の行為が憲法に反するというのであれば、憲法の方が間違っているという考えがあるのではないのかと思われます。この場合、すべての戦没者を祀るような無宗派の施設を設ければよいのではないのかという主張がされていますが、そうした方式が選択されないのは、もし靖国神社への公式参拝復活の目的のひとつが「日本の神」の復活にあるとすると、無宗派の施設では無意味だからです。さらに、政教分離原則にとってより深刻な問題は、先般の小泉首相の靖国神社参拝についての朝日新聞のアンケート調査によると、半数近くが支持しており、反対の人もその主たる理由は近隣諸国への配慮であって、政教分離原則違反を理由としているのはたった二％にすぎない点です。このことは、今日、憲法が定めた政教分離原則の正当性が根本的に問われていることを示しているように思われます。

一九五〇年代の中頃に、宮沢俊義先生は、こう警告しています。「明治憲法を滅ぼしたのは、まさしく、神々であった」。日本の「神々は明治憲法を滅ぼす力をもっている」と同時に、「日本国憲法を変える力」をもっている。そうした神々は、日本国憲法の制定により、滅んだかにみえたが、今日復活しつつある。「神々の運命は、すなわち、憲法の運命である。神々がよみがえるときは、憲法がたそがれるときである。したがって、神々がよみがえる徴候が見られるということは、憲法の基礎がぐらつきつつある徴候が見られるということになる」。また、こうも述べています。わが国において、政教分離原則は、「たんに宗教だけの問題」だけではなく、「思想の自由、言論の自由という問題に関係」し、結局デモクラシーの問題に関係してくる。「もし神々がこれからほんとうによみがえって、昔のように繁栄するというようなことになれば、それは憲法が定めているデモクラシーそのものの危機ではないか」[2]と。戦前の経験にもとづく宮沢先生のこの指摘からすると、右に紹介したような近時の状況は、日本国憲法が定める政教分離原則にとどまらず、日本国憲法そのものにとって深刻な状況を意味していることになります。そうだとすると、こうした状況に、私たちはどのように対処すべきなのでしょうか。

「日本の神」は、日本の風土、文化、伝統に由来し、国民生活に根付いたものとして尊重されるべきだろうと思います。しかし、他方で、たとえ西欧に由来するとしても、精神的自由を核とする基本的人権とそれにもとづく民主政治は普遍的価値をもったものとして尊重されなければならず、また、政教分離原則は、宮沢先生が指摘されるように、過去の経験に照らすと、日本の民主政治の維持にとって不可欠なものといえます。こうしたことからすると、「日本の神」は、判例で形成されてきた政教分離原則の枠内で尊重され、そうした形で「日本の神」と「西欧の神」との「神々の共存」がはかられるのが妥当ではないかと考えます。

四　第三の封印

日本国憲法は、前文と第一条で主権が国民にあることを明文で定め、天皇主権主義を否定し、国民主権主義を採用しました。また、憲法制定に先立って、天皇は自らの神格を否定する宣言を行い、こうして、日本国憲法制定とともに、神権天皇制は否定され、天皇は、国政に関与しない象徴となりました。このような転換に当時の日本政府は激しく抵抗しましたが、最終的には、天皇制を維持するために、こうした転換を受け入れました。そして、戦後六〇年が経過する中、国民主権主義とともに、象徴天皇制も国民の間に定着してきたとみることができます。問題は、象徴天皇制は日本の民主政治にとってどのような意義をもつのか、換言すれば、象徴天皇制が日本の民主政治に寄与するためにはどのような内容のものとして形成されるのが妥当かにあります。戦後六〇年経過した今日、この点について、簡単ですが改めて検討したいと思います。

周知のように、明治憲法は国体の原理を基本原理としていましたが、そこにいう国体の原理については、天皇主権主義と理解する立場と、国民が天皇を中心にしてまとまっている国柄と理解する立場がみられました。当時の代表的な憲法学者のうち、穂積八束は前者の、美濃部達吉は後者の立場にそれぞれたっていました。ところで、日本国憲法の制定時に、国体の原理は憲法上否定されたのかどうかが問題となりました。天皇主権主義の意味での国体が否定されたことは明らかでした。問題は、後者の国柄の意味での国体の原理についてですが、政府は、憲法制定にさいして、天皇を「日本国」の象徴であり「日本国民統合」の象徴と定める憲法第一条は天皇を憧れの中心として国民がまとまっているという国柄を定めたものだと説明しました。こうした立場からすると、日本国憲法は、第一条で、国民主権主義と明治憲法下の国体の原理を定めたことになり、このかぎりでは、日本国憲法の制定に伴って、国体の原理は否定されなかったということになります。そして、憲法学説は、この重要な問題について、意識的にか無意識的にか、明確にすることを回避してきたように思われます。たとえば、宮沢先生は、憲法第一条にいう「象徴」を「抽象的・無形的なものをあらわすところの具体的・有形的なものをいう」とし、「人がその具体的・有形的なもの（A）を見たり聞いたりすると、必然的にそれによってあらわされる抽象的・無形的なもの（B）を頭にうかべる……という関係にある場合に、AはBの象徴だという」とし、鳩と平和の関係をそうした象徴の例として挙げたうえで、「本条は、明治憲法のもとで天皇がもっていたような統治権者たる地位を日本国憲法の天皇に対しては否認し、これにもっぱら国の象徴たる役割を与えることを狙いとする。……明治憲法の天皇を全部廃止してしまう代りに、そのもっていた役割のうちで国の象徴という役割だけを残しておこうというのである」と説くにとどめています。しかし、もし「象徴」を「抽象的・無形的なものをあらわす具体的・有形的なもの」をいうのだとし、それ故、鳩が平和の象徴ということは鳩をみると必然的に平和を思い浮かべるという関係にある場合を意味する表現だとすると、天皇が「日本国」と「日本国民統合」（つまり、「まとまっている日本国民」）の象徴ということは、天皇をみると必然的に「日本国」と「まとまっている日本国民」を思い浮かべるという関係にあることになり、なぜそうなるのかといえば、結局のところ、それは天皇が「日本国」と「日本国民」の中心にいるからということになるのではないかと思います。つまり、支配的憲法学説も、憲法第一条は国民主権主義とともに、「天皇を中心として国民がまとまっているという姿」あるいはそうした国柄を定めた規定であることを暗黙に認めていることになります。だとすると、憲法第一条の解釈と運用如何によっては、象徴天皇制は、明治憲法下の神権天皇制に接近し、国民主権主義や基本的人権尊重主義と対立する制度になる可能性を秘めていることになります。そして、実際、そうした可能性が必ずしも杞憂ではないことをいくつかの例が示しています。[3]

一九八九年一月七日に昭和天皇が逝去し、翌年一一月に即位の礼と大嘗祭が挙行されましたが、そのさい、即位の礼と大嘗祭をどのような形で行うかが問題となりました。政府は、即位の礼は国事行為として行うが、大嘗祭は神道儀式の性格を強くもつことにかんがみ、天皇が主宰する皇室行事として行うこととする、しかし、大嘗祭は公的な性格をもつことから、費用は国費（宮廷費）で支出するとしました。大嘗祭の性格をめぐってはいろいろな説がありますが、皇位継承のさいに行われる伝統的に重要な宗教儀式であること、しかし、こうした儀式を国事行為として行うことは政教分離原則に照らして許されないということについては異論がありませんでした。だとすると、そうした大嘗祭に公的性格を認め、そのために国費を支出することも政教分離原則に抵触するのではないのかが問題となります。この点について、政府は、国費を支出することが憲法上許されるのは、大嘗祭が「皇位が世襲であることに伴う一世に一度の極めて重要な伝統的な皇位継承儀式」であること、換言すれば、大嘗祭が「天皇の世襲という憲法の規定に伴う儀式」であるからだと説明しました。つまり、この説明によれば、政府は、憲法第二条にいう「世襲」に大嘗祭も含まれているという解釈にたっていることになります。憲法第二条にいう「世襲」のこうした解釈には問題がありますが、その点は別として、政府の見解によれば、憲法は、皇位継承儀式として、神道儀式である大嘗祭を認めていることになります。換言すれば、日本国憲法における皇位も神道と不可分に結びついていることになります。以前、森喜朗首相が「日本は神の国である」と発言して物議を醸しましたが、以上の政府解釈からすれば、必ずしも的外れではなかったことになります。いずれにしても、こうした政府解釈は、日本国憲法の象徴天皇制を明治憲法下の神権天皇制に近づけるものといえます。また、一九八八年に昭和天皇の病状悪化のさいに生じた異様なまでの「自粛現象」は、日本国憲法制定後四〇年以上経過してもなお日本の社会が神権天皇制の呪縛から解放されていないことを示しているように思われます。そして、こうした例にみられる日本の精神風土からすると、運用如何によっては、象徴天皇制が精神的自由を抑圧し、民主政治を滅ぼす制度になる可能性をもつという見方は全くの杞憂だとはいいきれないように思われます。

他方、天皇を中心にして国民がまとまることは、わが国の民主政治や立憲政治の維持・発展に寄与するとみる立場があります。こうした見方は、明治憲法制定時に伊藤博文が唱えた「国家の基軸論」に通じるものがあるように思います。すなわち、明治憲法草案を起草した伊藤は、枢密院で、草案の審議にあたり、次のように述べたといわれています。「東洋では、わが国がこのたび立憲政治を初めて採用することになったが、ヨーロッパと異なり、日本では、立憲政治は全く新しい事柄である。ところで、立憲政治がうまくいくためには、国の機軸がなければならない。この機軸なしに政治を人民に委ねると、政治は統紀を失い、国家は滅亡してしまうことになる。したがって、憲法を制定するにあたっては、まず、わが国の機軸をどこかに求めなければならない。西欧では、こうした機軸としては、千余年の立憲政治の伝統とキリスト教があって、これらが機軸を形成し、人心の統一をはかっている。ところが、わが国には、こうした伝統もないうえ、宗教もその力は微弱で役に立たない。『我国ニ在テ機軸トスベキハ独リ皇室アルノミ』。故に草案では、君権中心主義の憲法草案を起草したのである」と。こうした立場からすれば、象徴天皇制は、むしろ日本の民主政治や立憲政治が機能するうえでの不可欠な制度ということになります。それだけではなく、こうした象徴天皇制は、独裁政治の誕生を防止する機能を果たす可能性もあります。といいますのは、今日のわが国の国民の精神状況の特徴のひとつは、様々な要因によって、個人相互の結びつきが弱まり、個人が不安定化し、その結果、多くの人々が精神的安定を提供してくれる強い権威を求めるようになってきている点にあるように思われますが、こうした精神状況こそ独裁政治を生み出したものにほかならず、そうだとすると、象徴天皇制は、人々に精神的安定を与える権威を提供することによって、ヒトラーのような独裁者が出現することを防止する役割を果たすことになるからです。こうした意味で、象徴天皇制は、民主政治や立憲政治の維持にとって重要な役割を果たす可能性があるように思います。それ故、象徴天皇制が日本の民主政治にとってプラスに作用するどうかは、結局のところ、象徴天皇制の在り方にかかっていることになります。したがって、象徴天皇制が日本の民主政治や立憲政治の維持・発展に寄与するためには、象徴天皇制はどのような内容のものとして形成されるのが妥当かが問題となります。最後に、この点についての私見を簡潔に申しますと、以下のとおりです。明治憲法のもとでも天皇は日本国の象徴であったといわれていますが、そこにいう「日本国」（正式には「大日本帝国」）は天孫降臨の神話を構成原理とする国家であり、天皇はそうした国家の象徴でした。これに対して、日本国憲法第一条にいう「日本国」とは、「平和で、民主的な日本国」[4]、つまり、憲法の基本原理である国民主権主義、基本的人権尊重主義および平和主義を構成原理とする国家を意味することになります。それ故、天皇が「日本国」の象徴であるというとき、それは、天皇をみると必然的に憲法の基本原理を構成原理とする日本国を思い浮かべるということですから、天皇が憲法の基本原理を体現している場合に天皇は日本国の象徴ということになります。つまり、憲法第一条は、国政不関与の原則に反しない形で日本国憲法の基本原理を体現した天皇を中心に日本国民がまとまっている姿あるいはそうした国柄を定めていることになります。こうした国柄を国体というならば、日本国憲法第一条は、国民主権主義と調和する国体の原理を定めていることになります。そして、このような内容として形成されたとき、象徴天皇制は、「国の基軸」として、日本の民主政治と立憲政治が機能する基盤を形成し、その維持・発展に寄与することになるのではないかと思います。

（1）清宮四郎・憲法I〔第三版〕（有斐閣・一九七九）一〇九－一一〇頁。
（2）宮沢俊義・憲法と天皇（東京大学出版会・一九六九）一八五－二〇八頁。
（3）宮沢俊義（芦部信喜補訂）・全訂日本国憲法（日本評論社・一九七八）五三頁。
（4）清宮・注（1）一五六頁。

（二〇〇五年度千葉大学法経学部公開講座での講演）

著者略歴

岩間昭道（いわま　あきみち）

一九四三年　福岡県に生まれる。
一九六五年　東京大学法学部卒業
一九七〇年　東京大学大学院法学政治学研究科博士課程
　　　　　単位取得退学

現　在　千葉大学名誉教授

主要著書
憲法破毀の概念（尚学社・二〇〇二）
戦後憲法学の諸相（尚学社・二〇〇八）
憲法綱要（尚学社・二〇一一）
憲法　I II（共編）（日本評論社・一九九四）
憲法（4）〔第3版〕（共著）（有斐閣・一九九六）
その他

合法性と正当性

二〇一九年一〇月一日　初版第一刷発行

著者©　岩間昭道
発行者　苧野圭太
発行所　尚学社

〒113-0033　東京都文京区本郷一－二五－七
TEL（〇三）三八一八－八七八四
FAX（〇三）三八一八－九七三七
ISBN 978-4-86031-159-9 C3032
http://www.shogaku.com/

組版／ACT·AIN　印刷／TOP印刷　製本／三栄社

憲法破毀の概念　岩間昭道 著

ISBN 978-4-86031-004-7　10,000円　506頁

議会制，憲法の保障と変動（特に非常事態における国家権力による憲法侵犯作用である憲法破毀）などの諸問題を考察した論文ないし小論をまとめた第一論文集。

—目次抜萃—　**第一部　「憲法破毀」の概念**　Ⅰ「憲法破毀」の概念　**第二部　憲法と議会制**　Ⅱ 議会制と民主主義—ワイマール・ドイツについて／Ⅲ 西ドイツ選挙制度の概念と問題点／Ⅳ 議会制の近代と現代／Ⅴ 議会と民意／Ⅵ 国政における国会の役割　**第三部　憲法の保障と変動**　Ⅶ 憲法の保障／Ⅷ 非常事態と法／Ⅸ 戦前における憲法解釈の方法／Ⅹ「憲法変遷」についての一試論／Ⅺ 日本国憲法と国連軍／Ⅻ 最高裁判所の憲法解釈の限界／XIII 日本の憲法改正問題／XIV 憲法の生成と変遷

戦後憲法学の諸相　岩間昭道 著

ISBN 978-4-86031-057-8　7,000円　330頁

国家目標規定論などの新たな論点を視野に入れ，生存保障・平和主義・環境保全・憲法改正といったトピックを検討。戦後憲法学が為してこなかった日本国憲法の「深化」への道を探る第二論文集。

—目次抜萃—　**第一部　論説**　Ⅰ 生存権訴訟における「厳格な審査」／Ⅱ 環境保全と日本国憲法／Ⅲ ボン基本法の環境保全条項（20a条）に関する考察／Ⅳ 日本における環境保全の課題の憲法化／Ⅴ 日本国憲法と有事法制／Ⅵ 憲法解釈における行政法理論／Ⅶ 憲法改正／Ⅷ 憲法９条と解釈・変遷・改正／Ⅸ 憲法秩序の変化　**第二部　判例評釈・解説**　**第三部　対談・小論・書評**

税抜価格

憲法綱要

岩間昭道 著

ISBN 978-4-86031-084-4　4,000円　390頁

人間の尊厳を日本国憲法の基軸に据え，かつ，国家目標，私人間効力，国家に対する忠誠のあり方，外国人の選挙権等につき，明解な論理構成を展開した意欲的体系書。

税抜価格